Cynthia Kafka

LE MEILLEUR RÔLE DE MA VIE (OU COMMENT J'AI PASSÉ NOËL À HOLLYWOOD)

Roman

POCHE CHARLESTON

Carnet de castings d'Ellie Lobster

Liste des castings de décembre :

2 décembre

Rôle d'une femme flic pour une série.

Recalée.

Motif : le casting était truqué. L'agent avait déjà choisi d'engager la petite amie du fils de sa femme de ménage.

Marge de progression : devenir la petite amie du fils d'une femme de ménage d'agent de casting.

4 décembre

Rôle de Polly, créature sexy.

Partie avant l'heure de mon passage.

Motif : j'ai compris (au bout de deux heures !) que ce n'était pas un film de SF (pour « science-fiction »), mais un film SM (pour « sado-maso »). J'aurais dû me douter que les bruits entendus depuis le couloir ne provenaient pas d'une soucoupe volante.

Marge de progression : lire les annonces jusqu'au bout, notes en italique incluses.

6 décembre

Rôle d'une courgette géante au rayon fruits et légumes d'un vieux supermarché de banlieue.

Réussi.

Édit : j'ai été congédiée au bout de deux heures parce que le déguisement s'est décousu au niveau des fesses et que ça faisait « mauvais genre devant la clientèle ». Note pour moi-même : il fait froid, au rayon fruits et légumes, quand on a la rondelle de courgette décousue.

9 décembre

Rôle d'une morte lors d'une autopsie pour un film.

Recalée.

Motif : mes pieds étaient trop petits (???)

Marge de progression : grandir des pieds ?

13 décembre

Rôle d'une héroïne belle et drôle pour une comédie romantique à la Bridget Jones.

Recalée.

Motif : prise dans une envolée lyrique, j'ai shooté dans une caméra qui est tombée sur le directeur de casting.

Marge de progression : envoyer une carte au directeur de casting pour prendre des nouvelles de sa commotion cérébrale ?

15 décembre

Rôle de Kelly, film dramatique.

J'ai un ENTRETIEN !!!!!!!!!!!!!

1

Rendez-vous

Un immense sapin de Noël argenté trône au milieu du hall d'accueil. Par habitude, je détourne le regard avant d'être attirée comme un aimant par ses ornements. Il ne s'agit pas d'un sapin ordinaire, de ceux qui me font horreur. Sur chaque boule scintillante est gravé le nom d'un acteur ou d'une actrice à qui je rêve de donner la réplique. Et ils ont tous un point commun : celui d'être représenté par Priotto's Talents, l'agence dans laquelle je me trouve en ce moment même. Est-ce que mon patronyme figurera lui aussi sur une décoration de Noël l'an prochain ? J'ai envie d'y croire. Ce matin encore, je courais d'un casting à l'autre, cumulant les échecs comme d'autres collectionnent les timbres, mais mes efforts sont sur le point d'être récompensés : j'ai été conviée à un entretien avec M. Ernest Priotto en personne. Le big boss veut me rencontrer ! Je suis excitée comme une puce au Mondial de la moquette.

— Ellie Lobster ? m'interroge une assistante.

Je me lève tel un scout sur le point de recevoir une médaille, ou plutôt telle une comédienne qui va soulever son premier César.

— Présente !

Les gens autour de moi se retournent. Qu'ils impriment mon visage, bientôt, on le verra partout ! La célébrité est au bout du couloir !

Le téléphone collé à l'oreille, Ernest Priotto m'invite à m'asseoir tout en poursuivant sa conversation. Par politesse, je me focalise sur la décoration pour feindre de ne pas écouter l'échange. Le bureau, minimaliste, respire le sobre et le chic. Sur les murs, des cadres dévoilent des photos de l'agent en compagnie de célébrités. Les seules touches de couleur proviennent d'une étagère où une sculpture hideuse et sûrement très chère côtoie une boule à neige kitsch enfermant la tour Eiffel, et un véritable Oscar. Ce mélange détonne par rapport au reste de la pièce, mais je n'ai pas le temps de m'y attarder, l'agent a déjà raccroché.

— Mademoiselle Lobster, je suis ravi de vous recevoir.

— Et moi d'être ici.

— Je parcourais justement votre CV. Il est… intéressant.

Il est en réalité désespérément vierge de toute expérience cinématographique qui vaille la peine d'être mentionnée, mais je souris. Intéressant, ça me convient.

— Vous êtes célibataire, sans enfants, vous avez vingt-trois ans…

— Bientôt vingt-quatre.

Il fixe l'écran de son ordinateur.

— Ah oui, vous êtes née le 25 décembre. Bien. Si vous deviez vous décrire, que diriez-vous ?

Je tourne ma langue dans ma bouche avant de parler. J'ai tendance à être trop spontanée. Rien ne sert de lui dire que je vis dans la ferme de mes parents avec toute ma famille, qu'on ne roule pas sur l'or et qu'il me faut absolument un rôle pour ne pas finir à l'usine où travaille l'oncle Maurice.

— Eh bien… Je suis quelqu'un de sociable, d'assidu, de déterminé. Je ne compte pas mes heures et j'apprends vite.

Je me félicite mentalement. *Concise. Efficace.*

— Il est inscrit que vous êtes totalement bilingue, est-ce vrai ?

— Aussi vrai que je suis une Plouc.

— Pardon ?

Je remballe mon autocongratulation.

— Ah oui, ha ha… Je parle anglais couramment, mes professeurs ont d'ailleurs toujours salué mon don pour les langues.

— Et Plouc, c'est quoi ?

— C'est mon nom, le vrai… Lobster est mon nom de scène.

Pour être franche, c'est certainement à cause de mon nom de famille que j'ai eu envie de devenir actrice ; pour pouvoir être quelqu'un d'autre. S'appeler Plouc quand on vit dans un patelin paumé au milieu des vaches, des tracteurs et des cochons, ce n'est pas facile tous les jours, même si ça forge le caractère.

— Mmmmm, je vois, grimace l'agent.

— Ceci dit, le nom du personnage que j'incarnerai n'est pas très facile à porter non plus, dis-je pour détendre l'atmosphère. Kelly Diossi, c'est plutôt original, non ?

Priotto hausse les sourcils.

— Je crains qu'il n'y ait méprise. Mon assistante ne vous a pas prévenue ? Le rôle est déjà pourvu.

Une chape de plomb me tombe sur les épaules.

— Mais dans ce cas... pourquoi suis-je ici ?

— Jouons cartes sur table, dit-il en lissant sa fine moustache. Dès que je vous ai vue, j'ai su que vous possédiez le physique et le talent pour un service que je rends à une amie.

— Oh...

Je fixe la boule à neige pour éviter de fondre en larmes. C'était trop beau pour être vrai. À défaut d'un rôle, je vais finir costumée en épi de maïs dans le restaurant bobo-chic du fils d'une des meilleures copines de Priotto, à slalomer pour esquiver les mains aux fesses de vieux bourgeois décatis.

— Certes, il n'y a pas de film, annonce-t-il, mais c'est une réelle opportunité que je vous propose, et vous êtes la candidate idéale. Laissez-moi vous expliquer.

— D'accord, dis-je en reniflant.

— Tout d'abord, je dois vous informer qu'il s'agit d'un rôle plaisant et sans difficulté, mais qui nécessite la plus grande discrétion, ainsi que la signature d'une clause de confidentialité. Le cachet est de trente mille dollars nets.

Trente mille dollars ? Il a dit trente mille dollars ? Mes larmes se tarissent instantanément. Pour une telle somme, je me sens prête à jouer les funambules entre le Sacré-Cœur et le Trocadéro déguisée en papillon de lumière. Les paroles de Marilyn Monroe, mon idole, tournent dans ma tête. « Je ne veux pas être riche. Je veux être merveilleuse. » Mais Marilyn n'était pas une Plouc.

— Ensuite, continue Priotto, une fois de retour à Paris, je vous prendrai sous mon aile. Sachez qu'aucun producteur ne peut refuser mes petits protégés sur son plateau.

Si je peux être riche et merveilleuse… Des picotements agitent ma nuque. Néanmoins, une alerte silencieuse résonne dans mon cerveau.

— En quoi consiste ce rôle ? Est-ce dangereux ? Illégal ? Dois-je me dénuder, me ridiculiser, tester des produits qui pourraient me défigurer ?

Priotto rit comme si je venais de clore un one-woman-show désopilant.

— Pas du tout. La mission consiste à jouer la doublure d'une actrice américaine, à son domicile. Pour ne pas éveiller les soupçons, vous signeriez un double contrat : celui de sosie pour nous, l'officieux, et celui de fille au pair, si on venait à vous démasquer.

Je manque de m'étrangler.

— Fille au pair ? Avec beaucoup d'enfants ?

Finalement, j'aurais préféré le truc du funambule. En classe de troisième, j'ai effectué un stage en maternelle dans la classe de ma sœur Nelly et en suis repartie avec un souvenir impérissable, et pour cause. Une armée indestructible de lentes et de poux avait utilisé ma tignasse comme cheval de Troie pour s'enfuir de l'école. Mon style capillaire est passé de Raiponce à Jeanne d'Arc en quelques coups de ciseaux, ce qui n'a pas aidé à me rendre populaire. La Plouc à poux, tel a été mon surnom pendant toute la fin du collège.

Je m'exhorte à ne pas me gratter la tête, mais ça me démange.

— Aucun enfant, me rassure Priotto. Seulement Christian, un adorable cavalier king-charles. Calme, affectueux, câlin, joueur… Assez gourmand, mais très discret. Vous le remarquerez à peine.

Je lâche un soupir de soulagement. Un chien, c'est dans mes cordes.

— Et le contrat principal ?

— Lindsay Hamilton, mon amie, souhaite rejoindre en secret son mari Edward, actuellement en tournage au Japon. Il est producteur. Elle a besoin de quelqu'un chez elle qui lui ressemble pour tromper les paparazzis et leur faire croire qu'elle attend sagement le retour de son époux.

— Pourquoi a-t-elle besoin de duper les journalistes ?

— Pour qu'ils ne la suivent pas à Tokyo.

— Ah, OK. Et je lui ressemble ?

— De façon assez bluffante, oui. Vous avez la même carrure, le nez fin, les yeux en amande, et un petit quelque chose qui feront illusion si vous ne vous retrouvez pas à quelques mètres d'un appareil photo.

Je tente d'assimiler toutes ces informations, mais mon cœur bat trop vite pour oxygéner mon cerveau.

— Quand vous parlez des États-Unis, c'est où exactement ?

— Entre le Canada et le Mexique…

J'éclate de rire. Je le pensais coincé, mais il a de l'humour. Il me fixe droit dans les yeux. Oups. Il ne blaguait pas.

— Et… où se situe la maison ?

— À Los Angeles, sur les hauteurs de Hollywood.

— Je serai payée trente mille dollars pour me faire passer pour une autre et vivre à Hollywood ?

— C'est cela. Cependant, quelques conditions sont requises. Un relooking, un bon autobronzant, une nouvelle coupe de cheveux, des lentilles de contact, et des conseils en maquillage. Sur place, vous aurez pour contact Veronica Doe, qui travaille avec moi et qui vous remettra les consignes à suivre. Rien de compliqué, il faudra seulement vous montrer irréprochable et passer le plus clair de votre temps à la maison, dans la peau de Lindsay. Vous y voyez une objection ?

Honnêtement, je vois surtout trente mille dollars. L'excitation bout dans mes veines.

— Aucune. Quelles sont les dates ?

— Vous devez être libre au plus tard après-demain, le 18 décembre, et jusqu'au 2 janvier.

Prise au dépourvu, je réplique :

— Euh… Pendant les fêtes de fin d'année ?

— Tout à fait. Cela pose un problème ?

— Eh bien… j'ai déjà quelque chose de prévu, mais…

Effectivement, le problème est de taille. M'en aller à cette période risque d'être perçu comme un crime de lèse-majesté par mes parents et par tout le village. Si j'ai une aversion pour Noël, les Plouc ainsi que les habitants de Petit-Bois, quant à eux, l'aiment comme les Anglais aiment le thé. Avec ferveur, sans concession, et surtout, tous ensemble.

Je m'apprête à lui expliquer mon cas de conscience, lorsque son téléphone sonne. Main sur le combiné, il me lance :

— Mademoiselle Lobster, je dois impérativement répondre. Je vous propose d'y réfléchir jusqu'à demain, 10 heures. Sinon, il me faudra embaucher quelqu'un d'autre. À votre place, je ne laisserais pas filer cette aubaine.

2

La grande illusion

Devant la gare de Petit-Bois, j'enfile mon bonnet et mes gants à la hâte. Il n'y a qu'une heure de train entre Paris et ici, mais le thermomètre affiche trois degrés de moins que dans la capitale. Je repère ma sœur Marie-Lou, qui chantonne derrière le volant de sa vieille Micra. Les paroles entêtantes de « All I Want for Christmas Is You » résonnent en dehors de l'habitacle. Je glisse sur une plaque de verglas, me retiens à la portière et m'installe côté passager. D'une pression sur le bouton du volume, je coupe la chique à Mariah Carey.

Que personne ne me parle de Noël le temps que je réfléchisse à la situation.

— Grande nouvelle ! annonce Marie-Lou, euphorique. Les gars ont installé le sapin dans la grange des Billaud. Je l'ai vu, il est IN-CROY-ABLE ! Je ne voudrais pas mettre la peau de l'ours dans le traîneau avant d'avoir tué les rennes, mais ce Noël va être le plus beau de tous.

Aussitôt, la culpabilité me tord le ventre. Si j'accepte la proposition de Priotto, ma vie va radicalement changer, mais tout le village va me détester. Soit je refuse de suivre mes rêves, soit je plante un poignard dans le dos de ma famille. Cruel dilemme.

Comme trop souvent, les larmes me montent aux yeux.

— Hey, mon robinet, dit Marie-Lou en voyant ma mine triste, quelqu'un t'a volé ton nez ?

Je lui décoche un regard noir. Quand j'avais cinq ans, j'ai gagné le surnom de « robinet » après ma première crise de larmes, survenue parce que mon frère Mickaël avait fait semblant d'attraper mon nez entre ses doigts. Depuis, c'est devenu un sujet de moquerie récurrent, et il semblerait que ce surplus d'émotions ait détraqué mes glandes lacrymales.

— Le casting s'est mal passé ? insiste Marie-Lou.

— Eh bien…

Mon téléphone émet un bip, m'évitant de lui révéler mes tiraillements.

— C'est un message de Gilles, il m'invite à dîner chez lui. Tu me déposes au passage ?

— Oh, roucoule ma sœur. Une soirée romantique ?

— Non, Malou. On parle de mon meilleur ami !

— Vous couchez ensemble, quand même…

— Par habitude. Combien de fois vais-je devoir te répéter que nous ne sommes pas amoureux ? C'est juste… facile. On se connaît depuis toujours, c'est notre voisin…

— Gilles est un mec génial, gentil et attentionné.

— Il l'est, mais pas pour moi. Je te rappelle qu'il vibre à l'idée de reprendre la ferme de ses parents, alors que moi…

— Tu rêves de partir loin de notre cambrousse, je sais. Mais à viser la lune, tu risques de te casser la gueule dans le tas de fumier, philosophe-t-elle en arrêtant la voiture devant le portail des Billaud.

Je me contente de lui envoyer un baiser, et pénètre dans la cour. Au moins, j'échappe à ma famille pour quelques heures, ainsi qu'à leur discussion favorite : Noël.

À partir du moment où le sapin est installé, le temps suspend son vol à Petit-Bois. Du 17 décembre au 1er janvier, la commune entière se transforme en village du père Noël, et la grange aménagée, prêtée par les parents de Gilles, en devient l'élément central. Chaque soir, une veillée y est organisée, ainsi qu'un marché de Noël ouvert à tous, et destiné à financer la fameuse soirée de Noël. Les quarante habitants s'en donnent à cœur joie… Ils ont même créé une association afin de se consacrer au projet tout au long de l'année. Leur principal objectif consiste à devenir le village de Noël de campagne le plus connu de France.

Est-ce que ça m'enchante ? Autant que de m'arracher les poils du nez à la pince à épiler. Leur passion me fait honte, et j'y participe contre mon gré depuis ma naissance. En boudant, la plupart du temps, pour bien montrer ma désapprobation.

La grange est plongée dans l'obscurité, à l'exception du sapin qui, caché sous les vingt mètres de guirlande électrique, brille à intervalles réguliers, et d'un chemin de bougies qui s'étend jusqu'à une table dressée pour deux.

— Surprise ! s'exclame Gilles en surgissant derrière moi.

Je sursaute.

— Une surprise ? En quel honneur ?

— A-t-on besoin d'une raison particulière ? dit-il avec un sourire un peu trop grand pour me sembler naturel. Je nous ai préparé un dîner. Salade de pommes de terre, cubi de rosé, et même du pâté que j'ai acheté à Hector…

— Dans la grange ? Mais il fait trois degrés !

— N'exagère pas, le brasero a chauffé, et j'ai prévu des couvertures. Et puis ici, le cadre est plus intime, plus… magique.

Il m'enveloppe d'un plaid en fourrure synthétique et me tend un verre de vin.

J'ai une vue directe sur le sapin et la décoration hyper kitsch de la salle. Assurément, nous n'avons pas la même définition de « magique ».

— Dans ta chambre aussi, on a de l'intimité… Pourquoi tu veux qu'on passe la soirée ici ?

Le visage de mon ami se crispe.

— Parce que, en fait, je…

— C'est quoi tous ces mystères ? Gilles, dis-moi ce qui se passe.

Le front plissé, les doigts noués, il inspire bruyamment.

— Il faut qu'on parle, lâche-t-il soudain.

Ma salive se bloque dans ma gorge.

— D'accord, mais…

— Et… ne m'interromps pas, s'il te plaît.

Toute personne normalement constituée sait qu'une discussion débutant par « Il faut qu'on parle » n'augure jamais rien de bon. Malgré tout, je tente d'alléger l'ambiance en mimant la couture de ma bouche avec du fil. Je jette l'aiguille imaginaire en voyant la tête de Gilles. Ça a l'air vraiment grave. En a-t-il assez de notre relation qui ne mène nulle part ? Veut-il cesser nos parties de jambes en l'air régulières ? Ou pire : est-il malade ?

Les loupiotes du sapin, en passant du vert au rouge puis au bleu, lui donnent un air blafard, et vu la façon dont il se dandine, comme s'il avait un besoin urgent de se rendre aux toilettes, j'en viens à me faire du souci pour sa prostate. Je bois mon verre d'une traite et m'en ressers un autre.

— Bien, je t'écoute.

Il ferme les paupières, renifle, se triture les mains et enfin, il se met à parler.

— Ellie. Depuis vingt-quatre ans, nous partageons tout, et tu as toujours été la seule, même si j'ai embrassé Anne quand tu sortais avec Ben. Aujourd'hui, tu prends toute la place dans mon grand cœur d'agriculteur. C'est la raison pour laquelle je voudrais qu'on élève vraiment les cochons ensemble et que les vaches soient bien gardées. Je veux te voir le matin avant d'aller ramasser les œufs, le midi dans ma cuisine, le soir sur notre canapé. Bref, je te veux dans ma vie.

Sa tirade finie, Gilles pose un genou à terre et brandit une énorme bague. Je me raidis.

— Éléonore, veux-tu m'épouser ?

Pour une fois, je ne sais pas quoi répondre, mais je présume que ce n'est pas le moment de plaisanter. Une demande en mariage, c'est sérieux.

Gilles me fixe de ses grands yeux marron qui clignent sous ses sourcils en bataille, retenant sa respiration. Il va finir par manquer d'oxygène et tomber comme une mouche sous l'assaut d'une queue de vache.

— Gilles, je… toi et moi… Je croyais qu'on était au clair sur, enfin par rapport à… On est amis, non ?

Un éclair de tristesse traverse ses prunelles.

— Je ne suis pas assez bien pour toi, c'est ça ? lance-t-il, la voix chevrotante.

— C'est pas toi, Gilles, c'est…

— Laisse tomber, dit-il en se relevant brusquement et en quittant la grange comme s'il avait le diable aux trousses.

Je me précipite pour le suivre, mais me prends les pieds dans le plaid et m'étale comme une crêpe au sol. Le temps de me dépêtrer, de balancer la couverture à la hâte et de sortir, il a disparu de mon champ de vision.

Après avoir fait trois fois le tour du village, je finis par le rattraper, juste au bout de la rue, marchant tel un zombie en direction de chez lui. Je le dépasse et me mets en travers de son chemin.

— Attends-moi !

— T'attendre ? éructe-t-il. Je ne fais que ça, depuis toutes ces années. Attendre que tu perces dans le cinéma, que tu cesses de me voir comme un ami et plus quand affinités, ou que tu arrêtes de croire que la vie est un film… Mais j'en ai marre. Maintenant, je veux avancer. Et là, tout de suite, je veux rentrer chez moi.

Je le retiens.

— Gilles, on est jeunes, y a pas le feu au lac, on…

Son regard dérive derrière moi, ses yeux s'écarquillent :

— Putain, si, y a le feu !

Interloquée, je me retourne et manque de m'évanouir de stupeur. Des flammes lèchent les murs de la grange, se propageant vers le toit. De gros nuages de fumée s'élèvent, laissant derrière eux une odeur de cochon grillé. Gilles se précipite en hurlant, au moment où ses parents débarquent en pyjama, paniqués. Les voisins, alertés par les cris, accourent eux aussi. Quelqu'un appelle les pompiers, un autre nous fait reculer au cas où la bâtisse s'écroulerait complètement. Je suis tétanisée. Comme si mon esprit volait au-dessus de la scène, je vois les villageois arriver les uns après les autres, rapidement suivis par les pompiers qui tentent de maîtriser l'incendie. Tout cela semble irréel.

Au bout de quelques minutes qui ont duré des heures, à moins que ce ne soit l'inverse, les pompiers remballent leur matériel. Le spectacle fait peine à voir. Des morceaux de ce qu'il reste du toit menacent encore de tomber, et les murs de la grange sont soit à terre, soit trempés. Une forte odeur de cramé nous oblige à cacher nos visages avec une écharpe ou dans nos cols de manteau. Et tel un ultime symbole de ce Noël gâché par les flammes, l'immense sapin s'est transformé en un ridicule tas de cendres. La sidération m'a clouée sur place, et je me rends compte que ma sœur me tient dans ses bras seulement lorsqu'elle se met à sangloter :

— Ellie, quelle horreur, j'ai cru que vous étiez à l'intérieur. Qu'est-ce qui s'est passé ? me demande ma sœur.

— Je ne sais pas…

Tout à coup, je visualise le chemin de bougies, si proche du sapin, et le plaid synthétique que j'ai laissé par terre dans mon empressement à rattraper Gilles. Et je réalise que c'est entièrement ma faute.

— T'es fière de toi ?

Gilles se dresse devant moi, l'air plus furieux que la fois où on a collé son tracteur dans le ravin parce que j'avais omis d'enclencher le frein à main. Il se met à vociférer en gesticulant comme un pantin désarticulé.

— Tu n'avais pas assez brisé ma vie comme ça ? Grâce à toi, je n'ai plus de grange, et Noël est cuit.

Tous les regards convergent vers nous, lourds de reproches. Les commères du village se pressent les unes contre les autres, tels des volatiles cancanant dans la basse-cour.

— Gilles, s'il te plaît !

— Tu sais quoi, tu n'as aucun talent, sauf pour foutre la merde partout où tu passes. Va-t'en, on n'a pas besoin de toi. Surtout pas moi.

Je relève la tête pour chercher du soutien auprès de ma famille. Mon père, les épaules voûtées, fixe les restes de la grange. Ma mère serre Mme Billaud dans ses bras. Même mamie Jacqueline n'ose pas me regarder. La gorge nouée, je pique un sprint jusqu'à la maison, balance des affaires dans un sac, et pianote à toute vitesse sur mon téléphone : « M. Priotto, j'accepte votre proposition. »

3

Il était une fois dans l'Ouest

C'est fou comme une vie peut basculer d'un côté ou d'un autre en quelques heures. Il y a à peine deux jours, j'étais le Grinch qui détruisait le Noël de mon village, et me voilà maintenant comme une enfant qui découvre ses cadeaux sous le sapin. Évidemment, on n'est pas dans un conte de fées, et il est possible que mes oreilles sifflent pendant mon séjour, mais ma famille a été unanime : c'était une bonne idée que je ne remette pas les pieds à Petit-Bois jusqu'à la nouvelle année. D'ici là, Gilles aura digéré les derniers événements, les commères se seront lassées, et j'aurai une belle somme d'argent pour aider à me faire pardonner. C'est ainsi que je suis partie, avec, en quelque sorte, l'aval de mes parents, même si j'ai légèrement dû déguiser la vérité, clause de confidentialité oblige. Ils me pensent donc envolée dans un bled paumé en Italie pour jouer dans un film d'art et d'essai. J'ai ajouté que je n'aurais aucune possibilité de les joindre, afin de ne pas trop avoir à m'inventer une vie parallèle. S'ils me voyaient ! Je souris à mon reflet dans le miroir de courtoisie. Une couleur brune et une coupe moderne ont remplacé mon blond sage et terne, un bronzage artificiel a pris la relève de mon blanc laiteux, mes dents ont été blanchies et je porte des lentilles marron. Je suis devenue Lindsay Hamilton, actrice. Et je suis en Californie ! Je lâche un couinement extatique.

Au volant de sa Chevrolet, Veronica Doe, une petite rousse au visage à moitié caché par d'immenses lunettes de soleil, missionnée par Priotto, me regarde de biais. C'est à peine si elle m'a dit trois phrases depuis qu'elle m'a récupérée à l'aéroport de Los Angeles. Loin de m'en formaliser, j'en profite pour admirer le paysage mythique qui défile par la vitre. Les boulevards deviennent des rues qui se rétrécissent pour former des ruelles exiguës. Toutes les dix secondes, je me retiens pour ne pas crier. Je viens d'apercevoir les lettres de Hollywood entre deux arbres !

Alors que nous traversons un quartier résidentiel, Veronica s'arrête devant un portail qui s'ouvre sur une large allée bordée de palmiers. Au fond, se dresse une immense maison cubique. Près de l'enceinte en pierre, deux répliques miniatures de la villa doivent servir de bureaux ou de dépendances pour accueillir les amis de passage.

— Bien, lâche mon accompagnatrice en me tendant un trousseau de clés et un cahier à spirale. Les consignes sont dans ce carnet, et Christian joue dans le jardin. Il viendra gratter à la porte à l'heure de sa gamelle. Toi, tu restes ici et tu te montres discrète. OK ?

Eh bien, on peut dire que l'accueil est chaleureux !

— Et si j'ai besoin de te joindre ?

— C'est moi qui t'appellerai.

Je hoche la tête, sors de la Corvette avec mon gros sac à main de marque offert par Priotto's Talents et la regarde démarrer en trombe alors que le portail se referme.

Une drôle d'impression me comprime la poitrine. Je suis seule, devant une villa de luxe qui ne m'appartient pas. C'est presque sur la pointe des pieds que je pénètre dans la maison.

L'entrée s'ouvre sur un séjour lumineux et une cuisine ultra moderne. L'attrait principal réside en un gigantesque plafond de verre qui offre une vue imprenable sur le fond d'une piscine située en *rooftop*. On peut ainsi contempler les nageurs éventuels depuis le confort de l'énorme canapé en cuir. Cerise sur le gâteau, il n'y a pas l'ombre d'un sapin de Noël. Je continue ma visite en restant sur le seuil de chaque pièce, comme si quelqu'un allait me prendre en flagrant délit d'imposture. Assise du bout des fesses sur le bord d'un lit *king size* censé être le mien, je feuillette le carnet et ce qui ressemble à un planning. Jouer la doublure d'une femme riche ne semble pas compliqué. Je veux bien postuler pour en faire mon métier, si ça existe. Après tout, j'ai peut-être enfin trouvé le meilleur rôle de ma vie. Nager quelques longueurs dans la piscine chauffée, bouquiner sur un transat… Pour moi qui vis dans une ferme où la paresse est passible d'un conseil de famille, cela ressemble à s'y méprendre à un séjour au paradis. Du regard, j'avise la salle de bains. Cela me ferait du bien de me laver et de me changer après mes douze heures de vol.

Je sors tout juste de la douche lorsque j'entends un moteur rugir dans la cour. Veronica aurait-elle oublié quelque chose ? Je m'emmitoufle dans une épaisse serviette de toilette et me rue au rez-de-chaussée, au moment où la sonnette retentit. J'ouvre la porte précipitamment et reste bouche bée. Dans l'allée, à quelques pas de moi, un grand mec aux cheveux dorés me regarde, l'air perplexe. Son bonnet à grelot et son pull de Noël à l'effigie d'un renne saxophoniste m'agressent la rétine. Un carton à pizza, posé en équilibre sur son avant-bras, me donne une indication sur sa possible identité. J'ai apparemment affaire à un livreur qui se prend pour un sbire du père Noël.

— Désolée, dis-je, mais je n'ai pas commandé de pizza.

— Qu'est-ce que vous faites ici ? rétorque-t-il en s'approchant.

Ah. Ma théorie du livreur s'effondre, confirmée par la présence d'un vieux camping-car américain dans l'allée.

« Je prétends être quelqu'un d'autre pour trente mille dollars » n'est certainement pas la réponse appropriée, alors je la garde pour moi. Qui peut bien être ce type ? Un ami de la famille ? Un journaliste ? Comment est-il entré ? Son visage m'est vaguement familier, mais il ne figurait pas dans le carnet de consignes. Mes neurones jouent à pile ou face. Pile, j'y vais au bluff. Face, je cours dans la maison et ferme la porte à double tour. Le bluff remporte la partie.

Je pose mes deux mains sur mes hanches, les retire en me rappelant que je ne porte qu'une serviette nouée sur ma poitrine, et prends un air fâché.

— Qu'est-ce que vous, vous faites ici ? Vous êtes sur ma propriété.

— Aux dernières nouvelles, je vis ici, crache-t-il en désignant la première réplique miniature de la villa.

Merde. Le lutin doit bosser pour les Hamilton. Un sourire contrit au coin des lèvres, je passe au plan B :

— Je me suis mal exprimée, je suis française, pardon. En fait, je travaille ici, moi aussi. Je suis là pour m'occuper de Christian. Et vous, vous êtes ?

— Vous occuper de Christian ? m'interrompt-il, les traits crispés.

— C'est ça.

— Du genre ?

Non mais sérieusement, il réalise un sondage pour les services d'immigration ?

— Cela ne regarde que Christian et moi.

— Ça tombe bien, je suis Christian.

Je laisse planer un silence pour évaluer son degré d'aplomb, puis lâche un éclat de rire sarcastique.

— Et moi je suis Céline Dion et je suis en retard pour mon concert à Vegas.

Je le contourne et avance d'un pas déterminé vers le jardin, à la recherche du vrai Christian, mais il me retient fermement par le bras.

— Je crois que tu n'as pas compris. Je suis Christian Hamilton et ici, c'est chez moi.

Il finit sa tirade en dégainant de la poche arrière de son jean un permis de conduire américain. Je jette un coup d'œil tout en resserrant ma serviette autour de moi.

« Christian Hamilton » est inscrit en noir sur jaune sur la petite carte rectangulaire, juste au-dessus de l'adresse de la demeure.

Je vacille, choquée.

— Ce n'est pas possible…

— Tu dois donc t'occuper de moi ? demande-t-il.

— Non ! En fait, je…

— Arrête ton manège. Je connais les filles dans ton style, et tu ferais mieux de déguerpir.

Mon teint vire au rouge pivoine. Une explication rationnelle existe certainement, mais j'ai beau me creuser la cervelle, je ne la trouve pas. En tout état de cause, le lutin n'a strictement rien à voir avec mon Christian. Priotto m'aurait-il donné de fausses informations ?

— Je crois qu'il y a un quiproquo, dis-je en essayant de conserver mon calme.

— C'est évident. Je ne te montre pas le chemin ? crache-t-il en désignant le portail.

Je me raidis, soufflée. Ce mufle veut me jeter dehors en serviette ? J'ancre mes deux pieds au sol.

— Non ! Je ne vais nulle part, si ce n'est à la recherche de Christian ! Christian ? je crie en inspectant les alentours.

Personne. J'appelle une nouvelle fois, au comble de la gêne, quand une espèce de boulet de canon moitié lièvre géant, moitié cocker, se précipite sur nous. J'ai à peine le temps de visualiser la scène qu'il agrippe le bas de ma serviette entre ses dents avant de s'enfuir ventre à terre (dans tous les sens du terme étant donné son surpoids) en se prenant les pattes dans le seul morceau de tissu qui dissimulait quelques secondes plus tôt ma nudité. Ma vie est un cauchemar.

Je camoufle ma poitrine de mes bras et me rue derrière une plante en pot en hurlant :

— Putain, cours, rattrape-le !

Le mufle hésite, ricane, puis pose son carton à pizza et retire son affreux pull qu'il me jette pour que je l'enfile. J'assiste ensuite à une course-poursuite aussi insolite que rocambolesque. Le chien est peut-être obèse, mais il joue sa vie et refuse de se séparer de son nouveau doudou. Après plusieurs minutes, le lutin parvient finalement à s'emparer de la serviette, et la brandit comme un trophée. De mon côté, je tire de toutes mes forces sur le pull moche qui me sert de robe.

— J'ai toujours dit que ce clébard était totalement con, déclare-t-il en me rendant une serviette tellement baveuse qu'elle ne me servira plus à rien.

Je pointe du doigt le chien.

— Tu connais donc Christian !

— Pardon ?

— C'est lui, Christian. Celui que je dois garder !

Le lutin fronce les sourcils, interloqué. Je pivote vers mon chapardeur de serviette et l'appelle :

— Christian ?

Le chien, désormais couché plus loin, ne peut s'empêcher de remuer la queue en entendant son nom.

Une lueur de culpabilité traverse les yeux de Christian l'humain.

— C'est de ce monstre que tu dois t'occuper ?

— Je te le répète depuis tout à l'heure.

— Tu as dit Christian !

— Parce que c'est son nom ! En tout cas, celui sous lequel il m'a été présenté.

J'ai été surprise aussi, quand Priotto m'a indiqué que ma « mission officielle » consistait à devenir la fille au pair d'un animal de compagnie prénommé Christian. Mais après tout, j'ai baptisé mon premier hamster Jean-Michel, alors qui suis-je pour juger ? Et puis concrètement, pour trente mille dollars, j'aurais même accepté le cododo avec un tigre du Bengale.

— Ah ! Mais tout s'explique ! s'exclame-t-il. Désolé, j'avais fini par oublier que la femme de mon père avait donné mon nom au chien. Pour moi, c'est Dumbo.

Lindsay est donc la belle-mère du lutin qui s'appelle comme le chien ? Les gens riches sont épatants.

— Ça lui va mieux, dis-je en souriant. Au fait, je suis Éléonore, la fille au pair de Christian-Dumbo. Tu peux m'appeler Ellie.

— Appelle-moi Chris. En revanche, je n'ai pas tout compris. Tu es arrivée quand ? Pour combien de temps ? Et où est Lindsay ?

Bon, ce mec doit carrément faire partie de la CIA.

— Euh… Est-ce que je peux d'abord aller enfiler une tenue décente ?

En réalité, j'aimerais récupérer mes esprits, et surtout ma dignité.

4

Rencontre du troisième type

Après avoir mis de l'ordre dans ma coiffure et enfilé une robe appartenant à Lindsay, puisque Priotto m'a demandé de ne pas prendre de valise pour s'assurer que je ne me ferais pas bêtement griller auprès des paparazzis en portant une tenue inadéquate, je descends au rez-de-chaussée comme on irait à la potence. D'après l'agent, il n'y avait absolument aucun risque que j'aie besoin de sortir la carte « mission officielle », et voilà que je me retrouve dans de beaux draps à peine trente minutes après mon arrivée. C'est bien ma veine.

Je vais devoir être convaincante si je ne veux pas repartir en vol low cost avant même de m'être remise du décalage horaire.

Dans la cuisine, Chris est de dos, en pleine conversation téléphonique. Je suis trop loin pour entendre ce qu'il dit, mais j'en profite pour étudier sa carrure. Grand, large d'épaules, il doit passer la moitié de son temps à la salle de musculation et l'autre moitié à s'admirer, si j'en crois le petit air suffisant qu'il arborait sur le pas de la porte. Va-t-on devoir cohabiter ? J'espère que non, ou la situation risque de s'avérer périlleuse.

Une expression de surprise traverse son visage alors qu'il se tourne vers moi. Il expédie sa discussion avec son interlocuteur et raccroche.

— Tu ressembles vraiment à Lindsay… Tu as été recrutée sur casting ?

Avec un léger trac, j'entre dans la peau de mon personnage. Je suis Éléonore, fille au pair spécialisée dans les animaux de compagnie piqueurs de serviette, et exhibitionniste par voie de conséquence. Je suis prête. Trois, deux, un, action !

Je lui rends son pull et lui présente mon contrat officiel par la même occasion.

— En réalité, c'est mon expertise des animaux qui m'a conduite ici.

— Ah ? Du genre ?

— Tu veux mon CV ?

— J'ai quelques minutes à tuer, je t'en prie.

Dieu qu'il est insupportable ! Je me sers un grand verre d'eau, me cale contre le plan de travail et tente de montrer un visage serein.

— Eh bien, si tu veux tout savoir, j'ai été promeneuse de chiens, puis gardienne de zoo pendant trois étés dans le plus grand parc animalier de France. Et accessoirement, je poursuis des études pour devenir vétérinaire.

Le lutin siffle, impressionné. C'est le bon moment pour m'interrompre. Mais, le stress aidant, je continue sur ma lancée.

— En toute modestie, on parle de moi comme de celle « qui murmure à l'oreille des panthères ». J'ai également sauvé des dauphins en captivité lors d'un projet humanitaire. Ah, et j'ai gardé le chien d'une famille très connue, dont je dois évidemment taire le nom, mais je peux te certifier que la Maison-Blanche est vraiment… blanche.

Je m'arrête, épatée par toutes mes compétences, en tout cas par ma capacité à les inventer, et en même temps rongée par l'envie de me couper la langue.

— Tu as une expérience considérable, remarque-t-il avec une moue sceptique.

C'est clair, j'ai exagéré. Droite comme un I, je redresse le menton :

— J'ai choisi mes combats et mes priorités.

— Et comment t'ont-ils menée à un chihuahua qui réussit à te déshabiller d'un coup de dent ? rétorque-t-il sur un ton insolent.

Touchée. Mais pas coulée.

Je balaie une poussière imaginaire sur mon épaule, regrette de ne pas avoir improvisé un accent bourgeois, et récite la fiche descriptive de mon cahier :

— Christian des Plaines de l'Ohio Hamilton n'est pas un chihuahua mais un cavalier king-charles vif, fringant, affectueux, joueur et gourmand.

— Tu m'en diras tant, ironise Chris.

— En outre, ma mission consiste à lui inculquer les bonnes manières. Si notre première entrevue a été, comme tu l'as constaté, assez musclée, d'ici une semaine, grâce à ma méthode testée sur bien plus réfractaire que lui, ce chien deviendra aussi doux qu'un agneau. Parole de scout.

— Dommage que nous partions demain, j'aurais bien aimé assister à ça, affirme-t-il, visiblement peu convaincu.

— Nous ?

— Ma grand-mère, Cassie et moi. Mais j'imagine que Lindsay ne nous a pas mentionnés.

Je tombe des nues, effectivement. Qui sont tous ces gens ? J'avais une page complète sur les us et coutumes du chien dans mon carnet, mais rien sur trois des humains qui vivent avec lui. Je me questionne sérieusement sur le sens des priorités de Mme Hamilton.

— Sais-tu quand Lindsay revient ? reprend-il, la mine renfrognée.

— Euh… demain ?

Ses yeux clairs semblent essayer de transpercer mon âme. J'avale ma salive.

— Tu ne serais pas en train de me mentir ?

— Tu as du mal à accorder ta confiance en général, ou seulement à moi ?

— Bon, écoute, en fait, je m'en fiche, souffle-t-il. J'espère juste qu'elle ne prépare pas un sale coup, parce qu'on n'ira pas la récupérer au poste de police, cette fois.

Je me raidis, surprise.

— Au poste de police ?

Il n'a pas le temps de me répondre. La porte de la maison s'ouvre sur deux furies pourchassées par le chien. Instinctivement, j'agrippe le bas de ma robe.

— Lindsay ? s'époumone une dame âgée au look de hippie. Ton foutu clébard vient d'avaler une chaussette de foot. Récupère-le ou je te jure que je l'empaille !

Elle redresse la tête, me dévisage et s'adresse à Chris.

— On prépare la nuit des sosies ?

La fillette qui l'accompagne, une blonde au minois angélique et aux yeux du même bleu que Chris, en plus rieurs, virevolte dans sa robe de lutin de Noël en chantonnant « Foutu clébard, foutu clébard ! ».

Chris lui lance un regard sévère qui la fait taire sur-le-champ.

— Granny, Cassie, voici Éléonore. Éléonore, je te présente Thelma, ma grand-mère qui va devoir mettre un dollar dans la tirelire à gros mots. Et voici Cassandra, qui a l'interdiction d'inventer des chansons avec le mot « foutu » dedans. Éléonore est l'éducatrice de Dumbo, ou quelque chose dans ce goût-là.

Je tends la main à Thelma qui me serre contre elle dans une accolade à l'américaine.

— Vous pouvez m'appeler Ellie, dis-je avant de me pencher vers la fillette pour lui chuchoter : Et moi, j'aime beaucoup ta chanson.

Je récolte un sourire dévoilant une dentition largement trouée de la petite Cassie et un regard assassin de Chris. On ne peut pas faire l'unanimité.

— Désolée pour notre entrée en fanfare, s'excuse la vieille dame. En tout cas, vous ressemblez sacrément à Lindsay. Vous êtes parentes ?

— Pas du tout.

— Bon, moi, j'ai perdu assez de temps, et j'ai des bagages à préparer, lâche Chris. Cassie, tu préfères rester avec Gran' ou tu m'accompagnes ?

— Je viens. Je vais lire l'avenir de Wendy dans ma boule de voyante ! s'excite la fillette en sortant de la poche de sa robe une boule à neige.

— Ça marche.

Il quitte la pièce et claque la porte à la truffe du chien. Je lève les yeux au ciel et croise le regard de Thelma qui m'observe sans vergogne.

— Il fait de l'effet aux femmes, mon petit-fils, note-t-elle avec une lueur de fierté.

— Pas du tout, je bégaie. Je regardais le chien. Il est tellement gros qu'on pourrait l'utiliser comme un boudin pour éviter les courants d'air.

— Allons, on ne me berne pas comme ça, insiste-t-elle. J'ai soixante-quinze ans, mais je ne suis ni sénile ni aveugle. Pour toi, c'est un peu fichu, cela dit. Quel homme voudrait découvrir le portrait de sa belle-mère chaque matin au saut du lit, d'autant plus quand il s'agit de Lindsay ?

— Je…

— Quoique, pas tout à fait, réfléchit-elle à voix haute. Tu peux faire illusion de loin, mais… Tu portes des lentilles ? Et tes cheveux, c'est leur vraie couleur ?

Ce n'est pas le moment de me griller.

— Cassandra, c'est la fille de Chris ? je demande pour détourner la conversation.

— Grands dieux, non. Il a à peine vingt-cinq ans ! Cassie est sa sœur.

— La fille de Lindsay ?

— Oh non ! Cassandra est le dernier cadeau que nous ait offert notre Cathy chérie, la première femme d'Edward… et ce qui a en partie causé sa perte…

Un voile de tristesse traverse les yeux clairs de la septuagénaire.

— Je suis désolée… dis-je.

— C'est bizarre, ajoute-t-elle, je n'avais pas lu ton arrivée dans les cartes. C'est prévu depuis longtemps ?

— Pardon ?

— Je suis cartomancienne. Si tu veux, je peux t'éclairer sur ton avenir…

— C'est gentil, mais…

— Tu n'es pas sensible aux messages reçus par perception extrasensorielle ? Tu changeras d'avis. Je suis plutôt douée !

— Euh…

— Formidable ! Bon, j'imagine que tu as du pain sur la planche pour mater cette sale bestiole. Quant à moi, c'est l'heure de ma sieste. À plus tard, j'apporterai mon jeu !

Elle me salue et me laisse seule avec le chien, sidérée par la tournure des événements.

5

Le bon, la brute et le truand

Chris, son bonnet de lutin dans une main, un bouquet de fleurs dans l'autre, m'attend sur le seuil de la porte.

— Je n'aurais pas dû me comporter comme un goujat, Ellie. Dès que je t'ai vue, j'ai su qu'il se passait quelque chose entre nous. Voudrais-tu venir dîner avec moi ?

Le rose aux joues, je m'approche pour le remercier.

— Ellie ? Qu'est-ce que tu fous ? aboie-t-il alors.

— Aïe, je crie en ouvrant les yeux.

Je viens de tomber du canapé, et le regard orageux de Chris est rivé sur moi. Une chose est sûre, il était plus sympathique dans mon rêve.

— Sérieusement, tu dormais ?

Je me suis simplement assoupie quelques heures, mais son ton me donne l'impression d'avoir été surprise en flagrant délit de distribution de drogue devant une école maternelle.

— Je me remettais du décalage horaire.

— Ah. Figure-toi que le monstre que tu es censée transformer en agneau a creusé un trou devant la maison pendant ta petite sieste. J'ai cru qu'il cherchait à ensevelir les morceaux de ton cadavre.

Le fossé entre le Chris de mon songe et celui de la vraie vie se creuse encore un peu plus. La moutarde me monte au nez. Je me fiche qu'il n'aime pas sa belle-mère ou le chien, moi, je n'ai pas à subir ses sarcasmes. Décidément, les beaux garçons sont-ils toujours aussi imbus de leur personne ?

— Moi qui pensais que les Américains étaient cool…

— Moi qui pensais que les Français étaient bosseurs…

— Tu sous-entends que je suis fainéante ?

— Non. Je constate. À moins que tu ne sois pas tout à fait là pour t'occuper du chien, crache-t-il.

— Tu me traites de menteuse ?

Il s'assoit sur l'accoudoir du canapé, me dominant de son petit air supérieur, et claque la langue :

— J'ai effectué quelques recherches sur toi, Ellie Lobster. Ou devrais-je dire Éléonore Plouc ?

Mes mains deviennent moites.

— Comment…

— Tu devrais cadenasser un peu mieux tes réseaux sociaux. Le CV qui concerne ta vie de comédienne était, bien qu'assez éloigné de ton métier d'éducatrice canine, fort instructif également…

Je ne sais pas quoi répondre. La seule chose à laquelle je pense, c'est qu'il va faire foirer mon job à trente mille dollars dès le premier jour, ce sombre crétin.

— Je te préviens, ajoute-t-il, si tu as dans l'idée de faire quoi que ce soit d'illégal, j'appelle la police.

De toute évidence, il me déteste plus que Gilles alors que, pourtant, je n'ai rien fait cramer…

— Pas la peine de me menacer. Nous sommes d'accord sur une chose, Lindsay n'aurait pas dû donner ton prénom à son chien. Personne ne mérite d'être baptisé en l'honneur d'un sale mufle de ton genre.

Je vois à sa mine déconfite que j'ai fait mouche. Je tourne les talons avant qu'il ait recouvré son sens de la repartie, et attrape la laisse du chien. J'ai besoin d'air.

À part un joggeur qui s'étire sur le trottoir d'en face et un groupe d'enfants qui s'époumone sur des chants de Noël un peu plus haut, la rue est déserte. Une fois délestée de ma colère, j'observe les environs. Les Petit-Boisiens seraient fous, ici. Si les palmiers ont remplacé les sapins et que la température avoisine les vingt degrés, les décorations, elles, sont dignes d'un film de Noël. Des bonshommes de neige gonflables de deux mètres de haut côtoient des traîneaux grandeur nature. Il y a plus d'ampoules que dans le rayon luminaires du magasin de bricolage à côté de chez moi. On gagnerait le label « village de Noël » en hors catégorie, avec la moitié de ce qu'il y a dans ce quartier. Si j'avais pu dire la vérité sur ma mission, j'aurais pris des photos pour les envoyer à mes parents.

Le spleen me gagne. Je continue ma promenade, en forçant ce fainéant de Dumbo à suivre ma cadence, jusqu'à ce que je parvienne à faire le vide dans mon esprit. Vingt minutes plus tard, le chien a les coussinets qui chauffent, et moi je suis prête à ignorer Chris et ses regards perçants.

Il ne me reste qu'une dizaine de mètres à parcourir lorsqu'une grosse moto freine dans un crissement de pneus pile devant moi. Une alerte silencieuse résonne dans mon esprit. Je supplie intérieurement mon karma de ne pas m'envoyer de paparazzi, quand deux bras puissants m'encerclent par-derrière, me faisant perdre l'équilibre. Finalement, un paparazzi, ç'aurait été préférable. Par réflexe, je pousse un cri, aussitôt muselé par le cuir d'un gant. Une sourde angoisse se diffuse dans mes veines. Je tente de reprendre ma respiration, mais commence à suffoquer.

— Alors comme ça, tu te caches, dit l'homme avec un accent si prononcé que j'ai du mal à le comprendre. Dès qu'ils sont partis, tu nous rejoins. C'est compris ?

Pas vraiment, mais je hoche la tête avec conviction, tel un chien en plastique sur la plage arrière d'une voiture dépourvue d'amortisseurs.

Le type allège la pression de ses doigts, au moment où Dumbo tire sur la laisse et se libère de mon emprise en aboyant comme une furie. Sans que j'aie le temps de réagir, je suis brutalement projetée en avant. Je hurle lorsque mes genoux et mes mains rencontrent le bitume. La moto redémarre, et alors que j'ose me retourner, je vois mon roquet voleur de serviette la courser comme si on lui avait dérobé sa réserve de croquettes. Je siffle pour le faire revenir, mais Chris déboule à la place du chien. Décidément.

— Alors la dresseuse de fauves, tu as lâché les rênes ? dit-il en m'apercevant à terre.

Son expression moqueuse a le bon goût de s'effacer à la vue des larmes qui débordent de mes yeux. Il m'aide à me relever, me gardant quelques secondes contre lui. Son parfum, un mélange de sable, de soleil et de citron, envahit mes narines.

— Pardon, je suis désolé. Ça va ?

J'inspecte mes genoux sacrément écorchés avec attention, moins pour évaluer les dégâts que pour réfléchir à la situation. Selon moi, ce type pensait avoir affaire à Lindsay, et Chris ne veut pas entendre parler des possibles frasques de sa belle-mère. Je soupire et tente de recouvrer mon sang-froid.

— Comme tu vois, c'est l'éclate.

— Tu es tombée ?

— Pas du tout, j'ai embrassé le trottoir. C'est mon rituel quand je débarque dans un pays, comme le pape.

Un léger grognement s'échappe de sa bouche, mélange d'agacement et de rire contenu.

— Je vois que ça ne t'a pas fait perdre ton sens de l'humour, seulement le chien… C'est à cause de lui que tu t'es retrouvée par terre ?

— Oh non ! Le chien !

S'il ne revient pas, je peux définitivement dire adieu à mes trente mille dollars. Je m'apprête à arpenter tout Hollywood, mais contre toute attente, Chris pose une main rassurante sur mon épaule.

— Ne t'inquiète pas. Regarde, le voilà déjà de retour. Il ne t'a pas ratée, en tout cas. Allez, viens, il faut désinfecter.

Je repars en claudiquant vers la demeure, Chris et Dumbo sur les talons, direction la salle de bains.

Je finis de nettoyer mes blessures lorsque j'entends Chris raconter ma mésaventure à sa grand-mère dans le salon. Curieuse, je dresse l'oreille.

— Tu es sûr qu'elle va bien ? On devrait peut-être appeler un médecin ?

— Tu rigoles ? Ellie n'est pas notre problème. Si Wendy n'avait pas retardé notre départ, on ne l'aurait même pas rencontrée.

— Le destin est taquin.

— Mouais. Je dirais plutôt que c'est Lindsay qui est fourbe. D'ailleurs, elle aurait pu nous prévenir qu'Ellie serait là. Mais elle n'en a fait qu'à sa tête, comme toujours. Qui sait pourquoi elle l'a vraiment engagée ?

— Peut-être que c'est réellement pour s'occuper de Dumbo, avance Thelma.

— Permets-moi d'en douter. J'ai vu le CV d'Ellie sur Internet. À ses heures perdues, elle est comédienne. Rien de percutant, mais elle semble avoir participé à pas mal de castings. Et la voilà qui s'installe ici… Tu ne crois pas qu'il y a un truc qui cloche ?

— Tu regardes trop de séries policières, mon garçon. Je te signale qu'il y a toujours du monde ici, et que la grande majorité a déjà essayé de percer dans le cinéma. Après les coachs en yoga, en aqua-paddle ou en rechargement énergétique, ce n'est pas une dog-sitter qui va t'étonner, quand même ? En outre, moi, j'ai eu un bon feeling avec elle. Et sous tes allures de goujat, elle ne t'a pas laissé indifférent, je me trompe ?

Je me sens rougir malgré moi, tandis que Chris grommelle.

— Et toi, tu regardes trop de comédies romantiques.

— C'est toi qui dis ça ? ricane-t-elle. C'est l'hôpital qui se fout de la charité, Chris Orsini Hamilton !

Je retiens un hoquet de surprise. Voilà pourquoi son visage me paraît familier ! Si seulement je n'avais pas signé une clause de confidentialité, j'écrirais sur-le-champ à ma sœur. J'ai rencontré Chris Orsini, le héros de notre adolescence ! L'âge lui a donné du caractère, ses cheveux ont poussé et ses traits ont perdu leur rondeur juvénile, mais effectivement, c'est lui ! Comment ai-je pu ne pas le reconnaître ? Avec Marie-Lou, on était folles de la série dans laquelle il jouait avec Catherine Orsini, sa mère dans la vie et à l'écran. La série s'est arrêtée subitement après son décès. Chris Orsini ! J'en suis toute retournée. Néanmoins, je calme mes ardeurs. Hors de question de jouer à la fan enragée avec lui. C'est sûrement son statut qui l'a rendu si imbu de lui-même. Je vais même faire en sorte de lui rabaisser le caquet, sans mentionner que j'ai, un jour, affiché un poster de lui au-dessus de mon lit. Ce qui est dit est dit, cochon qui s'en dédit.

Quoi qu'il en soit, j'ai d'autres soucis à gérer. Dès que je serai seule, il faudra que je prévienne Priotto de l'agression dont j'ai été victime. Il y a fort à parier que Lindsay était visée, mais tant que je la remplace, c'est moi qui suis en danger.

— Alors ma petite, qu'est-ce qui s'est passé ? me demande Thelma avec bienveillance quand je pénètre dans le salon.

— Oh… C'est tout bête. J'allais rentrer après ma promenade, lorsque tout à coup, j'ai vu Patrick Swayze qui sortait les poubelles.

La septuagénaire me dévisage.

— Patrick Swayze, celui de *Dirty Dancing* ?

— Celui-là même !

— Celui qui est mort ? renchérit Chris.

Je me donnerais des gifles.

— Eh oui ! C'est pour ça que ça m'a troublée, forcément ! Du coup, je me suis emmêlé les pieds dans la laisse, et je suis tombée. Mais tout va bien, je n'ai que des égratignures !

Chris me regarde avec insistance. Heureusement, son téléphone se met à sonner. Bénies soient les nouvelles technologies !

— Je dois répondre, dit-il. Je… j'y vais.

Thelma lui fait un petit signe de la main, et je l'imite.

Il me scrute une dernière fois, de la même manière que dans mon rêve, ce qui provoque des fourmillements au bout de mes doigts, puis il déverrouille son téléphone et se dirige vers le jardin.

À peine la porte refermée, Thelma récupère un sac en velours derrière un coussin du canapé.

— Bien, ma grande, on le regarde, cet avenir ? Installe-toi.

Ne sachant comment refuser, j'obéis.

— Prends une carte, là. Bien, une autre.

Le manège dure quelques minutes. Je pioche cinq cartes qu'elle scrute avec attention. Elle sifflote, arbore une moue confuse, tire une nouvelle carte, la retourne, dodeline de la tête et hausse les sourcils. N'est-elle pas censée me divulguer au fur et à mesure ses prédictions ? Je n'arrive pas à définir si elle a réellement un don ; je ne suis même pas sûre de croire à ces histoires, mais si c'est du flan, elle joue très bien la comédie.

— Eh bien, jeune fille, tu n'as pas survolé l'océan pour rien, toi ! s'esclaffe-t-elle enfin.

— C'est-à-dire ?

— Ce voyage va bouleverser ta vie, ma jolie. Tu devras être courageuse, mais le jeu en vaut la chandelle. Tu pourrais même rencontrer l'amour. Aie confiance en toi.

Elle retourne une autre carte, plisse les paupières, tressaille, tousse et baisse le regard.

— Qu'est-ce que vous voyez ?

— Je vois qu'il est l'heure pour moi d'aller au lit, les numéros dansent devant mes yeux… dit-elle en rassemblant son jeu.

— Oh… d'accord, je murmure, désarçonnée par ce revirement de situation.

— Au cas où, Cassie et moi dormons dans la première dépendance qui se trouve dans le jardin, et Chris dans la seconde. Tu n'auras qu'à toquer si tu en as besoin.

— C'est gentil, mais je suis une grande fille ! Et puis vos cartes ont affirmé que tout allait bien se passer !

— Comme tu veux, Ellie. J'ai été très contente de te rencontrer. On part tôt demain matin, mais je te dis à très vite.

Cela m'étonnerait qu'on se revoie, mais je souris et la laisse me serrer contre elle.

6

Sueurs froides

La nuit est tombée sur Hollywood, et je me retrouve à tourner comme un lion en cage dans le salon. Veronica ne m'a toujours pas donné signe de vie, et tous mes appels à Priotto ont été basculés sur répondeur. Heureusement qu'une armée de paparazzis n'a pas fait irruption dans la propriété, ou mon visage serait déjà en tête de gondole de tous les marchands de journaux… Peut-être même à côté de Chris Orsini ! Si son comportement m'a agacée, je dois m'avouer que son regard ne m'a pas laissée insensible. Heureusement qu'il s'en va demain matin, je suis du genre à toujours m'amouracher des *bad boys* inaccessibles, et je n'ai vraiment pas besoin de ça en ce moment.

Je zappe d'une chaîne à l'autre sans rien trouver de distrayant, et j'ai bien peur que ce soit parti pour durer un moment. En effet, entre ma sieste de fin d'après-midi, l'agression dont j'ai été victime et le stress qui retombe, je risque de ne pas réussir à dormir de la nuit et de ne jamais me remettre du décalage horaire. J'aimerais simplement que le soleil se lève sur une nouvelle journée un peu moins dingue que celle-ci. Soudain, une idée germe dans mon esprit. Dans l'avion qui m'amenait aux États-Unis, mon voisin de siège, à qui j'agrippais le bras si fort qu'il a bien cru le perdre, m'a offert un somnifère juste avant le décollage. N'en ayant jamais pris, j'ai préféré faire semblant de le gober, par courtoisie, et l'ai balancé dans mon sac. Peut-être que ce soir, il me permettrait de m'épargner quelques nœuds au cerveau. Dans la mesure où mon emploi du temps du lendemain est aussi vide que mon compte en banque, ça ne me coûte rien d'essayer. J'avale le comprimé avec une gorgée d'eau, et attends dix minutes. Rien ne se passe. Dépitée, je décide d'aller tester la piscine couverte sur le *rooftop*. Rien que quelques longueurs et, j'en suis convaincue, je serai parée pour une bonne nuit de sommeil.

Sur le toit, je prends un moment pour observer le panorama sur la ville, absolument incroyable. Des milliers de lumières scintillent doucement, alors qu'en bas, ça doit grouiller de bruit, de foule, de vie. Au milieu des collines, la maison est à l'abri dans un écrin de verdure, plus silencieux que dans mon minuscule coin de campagne isolé. Quelle heure est-il, à Petit-Bois ? J'imagine ma sœur s'escrimer à trouver une solution pour sauver le Noël du village. Entre ses idées loufoques et son talent de persuasion, elle est capable de faire des miracles. Tout à coup, ma tête se fait lourde, mes yeux clignent comme la guirlande sur feu le sapin de Petit-Bois. J'aurais dû demander à mon voisin d'avion quels étaient les effets secondaires d'un somnifère. Moi qui ne prends même pas de Doliprane, j'espère que ça ne va pas me faire dormir trois jours d'affilée. Une bonne baignade devrait me remettre d'aplomb.

Je prends appui sur la margelle du bassin, enfile un masque abandonné sur le carrelage et plonge. Tant pis pour mes cheveux lissés et mon maquillage, l'eau est revigorante. Je remonte en me chronométrant. J'ai douze ans et je suis une sirène. Je m'amuse à observer le salon depuis le plafond de verre en saluant des amis imaginaires. Je me tortille dans un aquarium géant et on vient admirer le plus incroyable spécimen des fonds marins (moi).

Je m'apprête à remercier mon fidèle public (les coussins du canapé) après une roulade gracieuse, quand je distingue une ombre contre le mur de la cuisine. Toujours en apnée, j'aperçois un homme au milieu de la pièce. C'est qui celui-là, encore ? Le cousin par alliance de la toiletteuse du chien ? La notion de solitude n'est assurément pas la même pour tout le monde.

Je remonte à la surface, reprends mon souffle et replonge dans la foulée pour observer le type. Tout à coup, sa main relève le haut de son blouson, et je bois la tasse. Il est armé ! Sans faire de vagues, de peur d'être repérée, je rejoins le bord du bassin. Je m'écorche de nouveau le genou en me hissant hors de la piscine, étouffe un cri de douleur et enfile un peignoir de bain et une paire de tongs, tout en cherchant du regard un objet pour me défendre. La seule chose que je trouve est un tuba d'enfant étoilé. Génial. *Fais gaffe ou je te défonce le crâne à coups de tuba et je t'incruste la constellation sur le front, mon pote.* Pour sûr, il va être terrorisé.

Les visages de Thelma, Cassandra et Chris surgissent dans mon esprit. J'aurais dû leur parler, tout à l'heure. Par ma faute, ils sont peut-être en danger. Je jette un œil dans le jardin. Les lumières des dépendances dans lesquelles ils sont censés passer la nuit sont éteintes. J'espère qu'ils ont fermé à clé.

Pour ma part, deux options s'offrent à moi : rester ici avec un tuba en guise de nunchaku, en croisant les doigts pour que mon agresseur ne vienne pas sur la terrasse, ou me carapater ailleurs et prier pour trouver de l'aide.

Je m'accroupis et observe, du bord de la piscine, les allées et venues de l'intrus. Après être entré dans un bureau, il se dirige vers l'étage. Je prends mon courage et mon arme ridicule à deux mains et m'engage dans l'escalier extérieur. Avec l'aisance d'un veau qui vient de naître, je contourne la demeure et regarde par la baie vitrée : le voyou redescend d'un pas tranquille, un téléphone portable vissé à l'oreille. Est-il en train d'appeler ses comparses ? Je me propulse derrière un buisson pour ramper jusqu'à la première dépendance. Verrouillée. Je continue vers la seconde. Idem. Je suis rassurée pour la petite famille, mais ça ne règle pas mon problème. Si je donne l'alerte, je risque de me faire repérer. Où puis-je me réfugier ? Les battements de mon cœur redoublent d'intensité. Mes marges de manœuvre paraissent assez limitées. Je peux courir dans la rue et sonner à la résidence voisine, mais si un complice attend à l'extérieur, je suis fichue. Rester en planque dans l'ombre d'un palmier n'est sûrement pas la solution idéale non plus. Le vieux camping-car, garé contre l'enceinte du domaine, représente mon ultime espoir, même si avec le karma que je me traîne, il est certainement cadenassé. Je me lève d'un bond et me faufile jusqu'à la porte qui, heureusement, se trouve côté mur. Avec précaution, je fais pivoter la poignée. C'est ouvert. Je me catapulte à l'intérieur, referme sans bruit, et me rapproche du pare-brise en prenant soin de me tenir derrière le fauteuil du conducteur. D'ici, je peux surveiller la maison. Je reprends mon souffle. Quelques secondes plus tard, l'homme sort et se dirige vers l'escalier qui mène au *rooftop*, laissant la porte d'entrée entrouverte.

Le chien en profite pour jaillir à son tour. Ouf ! Le type ne l'a pas remarqué. Désemparée, je le vois renifler comme s'il cherchait des champignons, pour finalement se pointer devant le camping-car. Le fin limier a trouvé la truffe, et c'est moi. Il geint et gratte avec acharnement. Ce con va me faire repérer ! J'entrebâille la porte et l'attrape par le collier. Après avoir inondé mes orteils de bave, il se roule en boule et se met à ronfler aussi sec. Je reprends mon poste d'observation juste à temps pour apercevoir l'homme redescendre du toit-terrasse et s'approcher d'une des dépendances. Les jambes en coton, je sens mon cœur pulser dans ma poitrine. La nausée me gagne. Il jette un coup d'œil par la fenêtre, puis fait demi-tour et s'avance dans ma direction. À quelques mètres de la portière, il ressort son téléphone de sa poche et, sans accorder la moindre attention à ma cachette, s'engage en direction de la rue. Je l'ai échappé belle. Va-t-il revenir ? Je dois prévenir Chris et sa grand-mère, la police, Veronica et Priotto, et peut-être mes parents aussi, sûrement.

Mais auparavant, je dois calmer mes nerfs au bord de la crise. Tremblante, je traverse le camping-car à quatre pattes, tire le rideau qui sépare la chambre du coin salon et m'effondre sur un matelas. Les draps sentent l'adoucissant aux agrumes, et cette odeur, qui n'est pas sans me rappeler celle de Chris, me tranquillise. Je vais patienter quelques minutes pour m'assurer que le sale type est bien parti. Le chien grimpe sur le lit en renâclant devant la hauteur, pose sa tête sur mes cuisses et se rendort en émettant des petits bruits de succion. La brume envahit mon cerveau, mes paupières se font lourdes et mes bras semblent peser mille tonnes. La faute au somnifère, sans aucun doute. Je ferme les yeux un instant.

7

La vérité si je mens

Mon frère Gérald doit encore vérifier le démarrage d'un moteur dans le salon. Mon matelas tremble comme si mon lit était attaché sur la remorque d'un tracteur. Je cherche mon oreiller du bout des doigts pour le coller sur mon visage, avant d'ouvrir les yeux.

Nom d'un dindon sans farce !

Je ne suis pas dans ma chambre à Petit-Bois, mais dans un camping-car qui file sur une route de Californie. Comment ai-je pu m'endormir ? Est-ce que le conducteur est l'homme qui s'est introduit dans la maison hier ?

Dumbo lève le museau vers moi et se met à s'agiter. Sa vessie doit être sur le point d'exploser, comme la mienne. Je me contorsionne pour le maintenir, mais ce chien est pire qu'une anguille couverte d'huile d'olive. Dans un couinement, il s'écrase mollement au sol et s'enfuit par le rideau de séparation. J'arrête de respirer.

Tout à coup, une voix brise le silence. Je la reconnais immédiatement et un immense soulagement m'envahit.

— Chris ? C'est normal que Dumbo soit là ?

— Qu'est-ce que tu dis, Cassie ?

— Dumbo. Il vient de renverser mon verre de lait.

— Quoi ? Comment ça se fait ?

— Il m'a sauté dessus et le verre est tombé, mais c'est pas grave, je vais essuyer !

J'en rirais si la situation n'était pas aussi catastrophique. Chris va faire une syncope. Le camping-car fait une légère embardée et s'immobilise dans un crissement de pneus. Une portière claque, et quelques secondes plus tard, une autre s'ouvre en grinçant.

— C'est pas vrai ! Comment est-il arrivé là ? enrage Chris.

C'est l'heure d'entrer en scène, j'ai le trac. J'avance prudemment pour apparaître dans leur champ de vision, les mains en l'air en signe de paix. Moteur, ça tourne !

— Hum… C'est à cause de moi qu'il est entré, et… Je suis là aussi ! Bonjour tout le monde !

Je ne serais pas plus ridicule si je lançais des cotillons en criant « Joyeuses Pâques ! ».

Chris sursaute et se cogne la tête contre l'angle d'un placard.

— Aïe ! Merde ! Mais qu'est-ce que tu fous ici ? hurle-t-il, au comble de la fureur.

Ses mâchoires se contractent et ses iris deviennent sombres. Je remballe mon allégresse feinte et sens les vannes céder. Marilyn Monroe disait que les femmes ont deux armes terribles à leur disposition : le fard et les larmes. Mais vu la tête de Chris, il est peu probable que ça lui fasse de l'effet. Sur ce coup-là, je ferais mieux de croire ma grand-mère qui me répète continuellement : « Pleure, tu pisseras moins, mon petit robinet », ça éviterait au moins que je fasse pipi dans mon maillot de bain.

— J'ai eu un problème.

Entre deux sanglots, j'arrive à lâcher quelques mots-clés, tels que : motard, intrusion, revolver, somnifère…

À lui de reconstituer, j'ai tout donné. Chris regarde Cassandra et enfouit une main dans son épaisse tignasse.

— Pas devant Cassie, soupire-t-il. Suis-moi.

— Attends… Je peux utiliser les toilettes, d'abord ?

Il pousse un grognement exaspéré, m'indique la porte des W.-C., et se rue hors du camping-car. Cassandra m'offre le sourire compatissant de celle qui sait ce que ça fait de se faire punir. Je réponds par une moue rassurante avant de m'engouffrer dans les toilettes. Le miroir me renvoie une tête digne des plus grands films d'horreur. C'est clair, Marilyn, je n'aurais pas pu compter sur le fard pour calmer l'ancien acteur. Mes cheveux ont triplé de volume. J'ai dormi avec mes lentilles de contact et mes yeux sont tellement rouges que je ressemble à un zombie. De longues traînées de mascara zèbrent mes joues. Je fais ce que je peux pour enlever les traces, mais finis par sortir sans avoir totalement réussi.

À l'extérieur, Thelma m'attend, la mine réjouie :

— Tu vois ! Je t'avais promis que tu vivrais de grandes aventures !

Je regarde mes pieds, au comble de la gêne.

— Je suis navrée…

— Tout va bien. Raconte-nous, que s'est-il passé ?

Pendant plusieurs minutes, je relate les derniers événements, du gars menaçant jusqu'à mon black-out dans le camping-car. J'évite évidemment de signaler mon job officieux, il n'est peut-être pas trop tard pour continuer ma mission et empocher les trente mille dollars. À la fin de mon monologue, la mine de Thelma est compatissante, quant à celle de Chris, elle ne révèle aucune émotion apparente. Ce gars, c'est *poker face*. Et surtout, j'ai l'impression qu'ils ont du mal à croire mon histoire.

— Mais, après cette première agression dont tu aurais été victime, demande Chris avec son petit air supérieur, tu n'as pas prévenu Lindsay qu'elle courait peut-être aussi un danger ?

Évidemment, dans une situation classique, c'est ce que j'aurais fait.

En l'état actuel des choses, je ne peux clairement pas avouer que je n'ai ni son numéro de téléphone ni celui de Veronica, et il est exclu de mentionner Priotto. Cette mission s'avère plus risquée qu'il n'y paraissait…

— Euh, non, mais je suis sûre qu'elle est en sécurité, dis-je pour les tranquilliser.

— Donc, tu lui as parlé, lâche Chris.

— Non, mon… Mon téléphone était déchargé.

Il plisse les yeux, l'air dubitatif.

— Es-tu persuadée qu'il s'agissait du même homme les deux fois ? questionne Thelma avec une sérénité que je lui envie.

— Je ne peux pas le jurer, malheureusement… Je suis désolée. Je ne savais pas que vous prendriez le camping-car…

— Et tu pensais qu'on partait comment, alors ? m'interroge Chris avec une note de sarcasme dans la voix.

— Avec ta fiancée.

— Sa fiancée ? Quelle fiancée ? demande Thelma.

— Eh bien, euh, Wendy !

Grand-mère et petit-fils échangent un regard de connivence.

— Ellie, dit Thelma en souriant, tu as une sacrée imagination, tu devrais écrire des histoires ! Wendy… c'est le nom du camping-car !

Oups. J'ai sans conteste la naïveté d'un poussin qui casse la coquille de son œuf.

— Franchement, vous avez un problème avec les prénoms dans cette famille ! D'abord le chien qui s'appelle comme le fils, et maintenant le camping-car…

— Tu as bien deux identités, toi, marmonne Chris, on est quittes.

— Je ne savais pas qu'on comptait les points.

Thelma lève les mains en signe d'apaisement.

— Reprenons les choses dans l'ordre : Edward est au Japon, et John en congé jusqu'au 2 janvier, donc…

— Qui est John ?

— Le garde du corps de la famille. La seule susceptible de rentrer, c'est Lindsay. On va devoir l'appeler pour l'informer de la situation.

Mes mains deviennent moites. Est-ce que je dois leur dire que Mme Hamilton est partie retrouver son mari et que je suis censée la remplacer ? S'ils ne sont pas au courant, c'est sûrement parce qu'elle ne voulait pas que ça s'ébruite. Et j'ai signé une clause de confidentialité. Mais la situation est différente, maintenant, non ? En même temps, comme elle n'est pas là, elle ne court aucun danger. Je ne sais plus où j'en suis.

— Et pourquoi on n'appellerait pas la police nous-mêmes ? je tente.

— Parce que cela retarderait notre voyage pour pas grand-chose, lance Chris.

— On ne peut pas qualifier une intrusion de « pas grand-chose », si ?

— Ce n'est pas la première fois que des paparazzis réussissent à entrer, Ellie, m'explique Thelma. Ils sont plus bêtes que méchants, mais étant donné l'agression que tu déclares avoir subie dans l'après-midi, il vaut mieux prévenir Lindsay et lui demander de regarder les vidéos de surveillance.

— Il y a des caméras de surveillance ?

— Pourquoi, ça te pose un problème ? demande Chris.

— Non, mais je me félicite de ne pas m'être promenée en petite tenue, je le rembarre.

Nous nous affrontons du regard.

— Ça suffit, les enfants. En revanche, le temps de joindre Lindsay et qu'elle vérifie, il serait préférable de garder Ellie avec nous quelques jours.

— C'est hors de question !

Chris et moi avons hurlé d'une même voix. Au moins, pour une fois, nous sommes d'accord.

— Nous sommes censés passer nos vacances en famille, précise Chris à sa grand-mère. Pas avec une actrice médiocre déguisée en promeneuse de toutous ! On ne sait rien d'elle, je te signale. Et si elle avait inventé toute cette histoire dans le seul but de s'incruster avec nous ?

— Oh eh ! Je suis là, j'entends ! dis-je en sentant une sourde colère se diffuser en moi. Et crois-moi, je préfère repartir en peignoir que rester une minute de plus avec un beau gosse dont les muscles ont remplacé le cerveau. Merci, Thelma, pour votre bienveillance. Embrassez Cassie pour moi.

Je tourne les talons et commence à marcher. Je n'ai pas parcouru dix mètres que je regrette déjà. Le coin semble désert, et de toute façon, qui oserait me prendre en stop avec ma dégaine ? Je vais finir au commissariat sans papiers, sans argent et sans téléphone. Je vais perdre mon boulot et je n'aurai même pas les moyens de me payer un vol retour. Rien ne peut aller plus mal. J'avise un gros rocher sur le bas-côté et m'y assois, le temps d'évacuer mon angoisse. J'en profite pour retirer mes lentilles, il ne manquerait plus que je perde la vue.

Je relève le menton quand l'ombre de Chris me cache le soleil. Il ressemble à un gamin qui s'est fait réprimander, et j'imagine que c'est exactement ce qui s'est passé.

— Tu es nettement plus jolie, avec tes yeux bleus. J'ai hâte de voir ta vraie couleur de cheveux, annonce-t-il en s'asseyant à côté de moi.

— Tu es nettement plus sympa quand tu ne m'insultes pas. J'ai hâte de voir ta vraie personnalité.

Contre toute attente, il éclate de rire.

— Tu n'as rien à voir avec Lindsay, en fait. Tu es loin de te comporter comme une plante verte sous anxiolytiques.

— Si c'est un compliment, merci.

— Écoute, Éléonore. Excuse-moi. Je n'aurais pas dû t'accabler ainsi. À ma décharge, je ne sais pas qui tu es vraiment et si on peut te faire confiance. Avec Lindsay, on a eu droit à pas mal de coups tordus, c'est d'ailleurs en partie pour ça que je ne lui parle plus et que, lorsque je viens, je dors dans une des dépendances. Cependant, je ne suis pas du genre à laisser tomber les gens dans le pétrin. Et tu sembles avoir sacrément besoin d'aide. Donc, le temps qu'on réussisse à démêler les fils et à joindre Lindsay, ça te dit de nous accompagner ? Cela devrait être l'affaire de trois jours, le temps de notre escale dans un parc national. Et dès qu'on repart vers la civilisation, on te prendra un billet de train ou de bus pour rentrer à Hollywood.

J'esquisse un sourire reconnaissant en pointant mes tongs de l'index.

— Je ne suis pas spécialement en position de jouer les difficiles.

Il se relève d'un coup de reins souple, se penche vers moi et me tend la main pour m'aider à me remettre debout. Il la garde dans la sienne quelques secondes, pendant lesquelles je sens une douce chaleur se propager dans mon corps. Puis il se recule, et déclare :

— Bienvenue dans notre road trip sobrement intitulé : « Sur les traces de la magie de Noël » !

Un froid polaire me saisit.

8

La vie est belle

— *We wiiiiiiish you a merry Christmas!*

Achevez-moi. À l'arrière du camping-car, Cassandra et sa grand-mère s'époumonent sur des titres de Noël. Chris bat le rythme sur le volant, l'air satisfait de ma mine bougon. À partir du moment où il a compris que l'effervescence de Noël avait tendance à me donner envie de me rouler en boule à même le sol, j'ai clairement senti qu'il exagérait son intérêt pour cette fête.

Cela dit, désormais, moi aussi je peux faire illusion. Thelma et sa petite-fille sont allées m'acheter quelques habits dans la première ville qu'on a traversée. J'ai failli insulter mon karma en découvrant plusieurs tenues de Noël, et je me suis retenue en me rappelant que je n'avais même pas un dollar à mettre dans la tirelire à gros mots. Présentement, je porte un sweat représentant The Elf on the Shelf, littéralement « le lutin sur l'étagère », un personnage récurrent des mythes américains qui, pendant toute la période de l'Avent, fait une bêtise quotidienne pour le plus grand plaisir des enfants. Sa version poupée, qui selon moi rivalise avec Chucky, m'observe depuis le tableau de bord.

— Ça consiste en quoi, « Sur les traces de la magie de Noël » ? je demande au conducteur, qui ne m'a pas décroché un mot depuis qu'on a pris la route.

— Tu n'as pas l'air d'aimer Noël. Pourquoi ?

— Tu réponds toujours à une question par une autre question ?

— Tu as toujours une repartie à tout ce qu'on te dit ?

Je préfère me taire. Il semble clair qu'une incompatibilité nous empêche de communiquer, l'ancien acteur et moi.

Heureusement que nous ne sommes pas seuls, ou ce serait invivable.

— On arriiiiiiive, trop cool ! rugit Cassandra en tapotant de l'index le carreau du camping-car.

Un panneau annonce l'entrée du parc national de Yosemite, et ma mauvaise humeur me quitte. Je connais Yosemite pour l'avoir aperçu sur papier glacé dans les guides touristiques que mes parents collectionnent. C'est leur grande passion. Dès qu'ils le peuvent, ils s'enferment tous les deux dans la cuisine et trient, classent, listent et préparent le voyage de leur vie, qu'ils n'auront jamais les moyens d'entreprendre, mais qu'ils organisent comme si c'était le cas. Ils assurent que le rêver, c'est presque comme le faire, mais en moins cher.

Nous passons le barrage des rangers, apposons une vignette sur le pare-brise pour avoir l'autorisation de séjourner dans le parc durant les trois prochains jours, et écoutons religieusement les recommandations d'usage. Sur le chemin vers l'emplacement réservé aux camping-cars, je ne sais plus où poser les yeux tellement le paysage est merveilleux. Des rochers imposants sur la gauche, un précipice impressionnant sur la droite, une cascade qui se faufile entre les cailloux…

— Nom d'une poule aux œufs carrés ! Regardez, ce sont des faons ! je m'enflamme en repérant toute une tribu d'adorables Bambi qui gambadent dans une prairie aux abords d'un lac.

Chris enclenche le clignotant et se gare un peu plus loin, puis se tourne vers nous.

— Vous voulez les voir de plus près ?

— Oui !

Cassandra et moi avons rugi à l'unisson, avec le même enthousiasme spontané et enfantin. (OK, c'est faux, j'ai crié plus fort qu'elle.)

Nous descendons du véhicule sans Dumbo, malgré ses protestations bruyantes, et nous dirigeons vers le pré. Chris porte un appareil photo en bandoulière et mitraille la scène. La petite main de Cassandra calée dans la mienne, je m'approche à une distance raisonnable des animaux.

— Plus près, Ellie ! me chuchote la fillette.

— Je ne veux pas les effrayer !

— Ils sont habitués à recevoir de la visite, à mon avis, murmure Chris.

Il pose sa main dans mon dos et me pousse légèrement pour que j'avance davantage. Ce geste pourtant anodin provoque un frisson dans ma nuque. Il la retire rapidement, s'éloigne et se remet à photographier les alentours.

Les couleurs du ciel, de l'herbe et du lac, combinées à la neige sur les hauteurs et à une cascade dans les chutes de laquelle le soleil fait apparaître un arc-en-ciel créent un tableau merveilleux. Ma gorge me pique. Ressentir tant d'émotions face à un paysage ne m'est jamais arrivé. Un faon lève le nez et se dirige vers nous. Mon souffle se bloque. Il nous frôle et je contiens un cri d'admiration. Je ne suis pas une fan inconditionnelle des promenades en pleine nature, mais personne ne peut rester insensible devant tant de beauté. J'ai la sensation d'être une aventurière qui découvre une terre inexplorée.

Chris continue de prendre des photos de Cassie et Thelma au milieu de ce décor somptueux.

J'avance vers lui.

— Tu me le prêtes ?

Il me jette un regard de défi, comme si je pouvais lui arracher son joujou des mains et m'enfuir avec.

— Pourquoi ?

— Tu n'as pas envie d'une photo avec ta grand-mère et ta sœur ? Avec vos tenues d'adorateurs de Noël, ce sera du plus bel effet pour vos cartes de vœux.

Il laisse l'appareil pendre sur son torse.

— Je n'aime pas être pris en photo.

— OK. Mais Cassie sera sûrement heureuse de retomber sur ces clichés dans quelques années.

Les yeux dans le vague, il paraît réfléchir à ma proposition. Ce n'est pourtant pas compliqué, soit il veut, soit il ne veut pas, pas besoin d'en faire un sujet de dissertation. Je ne lui ai pas suggéré de poser nu pour un calendrier, non plus. À moins qu'il pense aux paparazzis ; c'est vrai qu'il a dû y être confronté plus d'une fois.

— C'est ton appareil, un numérique de surcroît, je tente. Si les photos ne te plaisent pas, libre à toi de les effacer… Je ne compte pas te le piquer dans ton sommeil, rassure-toi, et puis de toute façon, j'en ferais quoi ?

Ses traits se détendent et son sourire s'élargit.

— Tu pourrais bien baver sur l'écran devant… Comment as-tu dit ? Ce beau gosse dont les muscles ont remplacé le cerveau ?

Une sorte de satisfaction puérile éclaire son visage. Il a de la mémoire, le bougre !

— Dans ton costume de lutin ? Je pourrais plutôt vomir !

Il s'esclaffe, mais enlève la bandoulière de son cou et la passe autour du mien. J'attends qu'il retrouve son air spontané, puis les mitraille. Thelma porte une robe dorée qui tranche sur le vert de l'herbe, Cassie gesticule sans arrêt et risque d'être floue sur la grande majorité des photos et Chris est… ma foi, il est Chris. Un beau blond aux boucles folles et à l'allure de surfeur californien, malgré son infâme pull de Noël. Je lui rends l'appareil, fière de mes clichés.

— Vous voulez que je vous prenne en photo, tous les deux ? demande sa grand-mère.

Je me sens rougir jusqu'à la racine des cheveux. Quant à Chris, tel un homme mature, il feint de ne pas avoir entendu.

— Je vous rappelle que je n'étais pas prévue au programme, Thelma.

— Oui, mais tu es là maintenant. Quand la vie envoie des signes, il faut savoir les repérer, n'est-ce pas Chris ?

Étrangement, il s'est déjà éclipsé quelques mètres plus loin. Je m'éloigne de mon côté, embarrassée.

Pendant une vingtaine de minutes, nous contemplons le paysage et les animaux qui s'amusent sans se soucier de nous, comme si nous faisions partie du décor. Chacun dans notre bulle, nous communions avec la nature. Je me sens bien. J'imagine mes parents dans ce cadre. Ma mère chouinerait en s'extasiant, et mon père poserait son menton sur son épaule et ses mains calleuses autour de sa taille pour lui montrer qu'il est là, avec elle. Soudain, ils me manquent. J'espère qu'ils se portent bien et qu'ils ont réussi à me pardonner pour l'histoire de la grange, et pour ce Noël sans eux. Pour me rassurer, je me rappelle que j'ai été à l'origine de bien d'autres débâcles et qu'ils ne m'en ont jamais tenu rigueur. Je suis leur petit robinet, aussi émotive qu'enjouée. Je reste focalisée sur les faons pour ne pas imaginer qu'ils peuvent encore m'en vouloir, et que si je rentre après avoir été virée, c'est moi qui m'en voudrai.

La main de Chris se pose doucement sur mon épaule.

— Si on met de côté la façon très intrusive de ma grand-mère d'essayer d'interférer dans ma vie privée, tu viens d'avoir une définition parfaite de « Sur les traces de la magie de Noël ». Pas trop dur ?

— C'était top. Pour tout te dire, j'avais un peu peur de devoir écouter de longues et ennuyeuses histoires de Noël…

— Non, ça, c'est ce soir !

Je ne sais pas si c'est du lard ou du cochon, mais finalement, peu importe après cette parenthèse que nous venons de vivre. Nous rebroussons chemin, remplis de gratitude envers la vie d'avoir pu assister à un tel spectacle. J'implore quand même ma bonne étoile de supprimer les contes de Noël de notre planning.

9

Barbecue

— Et c'est ainsi que les lutins sont arrivés dans chaque famille, dès le 1er décembre.

Enfants et adultes applaudissent, le sourire jusqu'aux oreilles ou les larmes au coin des yeux. Je fais partie des deux catégories. Ce spectacle en pleine nature, près de la rivière surplombée par le rocher El Capitan, a été aussi insolite que merveilleux. Pendant plus de deux heures, on s'est régalés de chocolat chaud et de Chamallows cuits sur les braises d'un feu de camp, en admirant des comédiens costumés nous raconter des histoires de Noël revisitées. Chacune prenait naissance dans le parc de Yosemite, et les textes étaient à la fois féeriques et à mourir de rire. Installée sur un transat et enveloppée dans un plaid, j'ai l'impression qu'il n'y aurait pas eu de meilleur endroit sur terre pour me faire aimer, l'espace d'une soirée, les contes de Noël.

Les vacanciers venus assister au spectacle se dispersent les uns après les autres. Nous terminons de manger des sucreries en attendant Chris, qui s'est isolé pour répondre au téléphone et qui a donc loupé la moitié de la représentation.

— Je suis à deux doigts de l'overdose de Chamallows, soupire Thelma en se massant l'estomac.

— N'importe quoi, s'emporte Cassandra. Les Chamallows, c'est la vie ! C'est tout petit et doux, ça ne peut pas faire de mal. Bon, allez, on va découvrir votre avenir, décide-t-elle en sortant sa boule à neige de son sac à dos.

— Tu lis le futur dans les boules à neige, toi ?

— Oui. Le cristal, c'est démodé, réplique-t-elle du tac au tac.

Cette gamine est incroyable ! Du haut de ses six ans, elle est maligne, et drôle. Elle me fait penser à moi à son âge, la maturité en plus.

Elle caresse le poitrail de Dumbo qui, allongé sur le dos, les pattes en l'air, grogne d'extase, et se lance dans des explications.

— En fait, elle a des pouvoirs magiques, parce que le dragon, là, dans la boule, a bu un peu d'eau pour ne pas cracher de feu. Il a avalé de la neige enchantée, et maintenant, il connaît toute la vie de tous les gens de tout le monde entier.

L'imagination des enfants n'a aucune limite. Je me penche sur la boule, intéressée.

— C'est un dragon ? J'étais sûre que c'était un sapin.

— Un sapin ! se désole-t-elle en levant les yeux au ciel. N'importe quoi ! Va falloir que tu commandes des lunettes à Noël !

J'éclate de rire et observe le truc à l'intérieur. Selon moi, c'est un mélange entre le Grinch et E.T., mais ma foi, je ne vais pas briser les illusions de la gamine.

— Vraiment chouette, je dis pour rentrer de nouveau dans ses bonnes grâces. Tu l'as eue où ?

Elle hésite quelques secondes, pendant lesquelles j'espère ne pas avoir fait de gaffe.

— Elle était à Lindsay. Elle les collectionnait quand elle était petite. Maintenant, elle préfère les bijoux qui brillent. Quand on grandit, on arrête de croire aux choses magiques et on devient triste, c'est trop nul. Moi, je ne veux pas grandir.

— Moi non plus.

Cassie s'immerge dans ses prédictions, tandis que Thelma la couve d'un regard soucieux. Vu l'affection de la petite fille pour le cadeau de sa belle-mère, je me demande s'il n'est pas le seul qu'elle ait jamais reçu de sa part, d'autant que Thelma et Chris ne semblent pas porter Lindsay dans leur cœur. La curiosité me ronge, mais ça ne me concerne pas. Tout comme les innombrables appels de Chris. Tout au long de la journée, il nous a faussé compagnie pour prendre un appel. Dès que la sonnerie retentit, son air enjoué s'efface pour laisser place à un masque grave, parfois même désabusé.

— Granny, tu vas te baigner dans une piscine qui te rendra jeune et te transformera en fée, présage Cassie.

— Génial, ma puce, j'ai hâte.

— Toi, Ellie, tu vas vivre dans une grande maison au milieu de la forêt avec sept enfants, quatre chats et trois chiens, et tu deviendras une championne de natation synchronisée.

— Eh bien ! J'aurais dû te rencontrer il y a dix ans, ça m'aurait évité de perdre du temps à faire autre chose que nager !

Cassie fait les gros yeux.

— Ellie, enfin ! Y a dix ans, j'étais même pas née. Hé, vous avez vu l'étoile filante ?

— Non, répond Thelma, tu es sûre que ce n'était pas un avion ?

Cassie en est certaine, promis juré craché et que son nez se transforme dans la seconde en citrouille si elle s'est trompée, alors nous levons les yeux pour scruter le ciel. La lune est presque pleine, une lumière dorée se reflète sur la rivière et éclaire l'immense rocher El Capitan. Cela ressemble à une douce parenthèse, et même si je n'oublie pas que ma famille ne sait même pas où je me trouve, que Priotto risque de me virer sur-le-champ s'il découvre que je suis montée dans ce camping-car, et que Thelma n'a, même si c'est apparemment une habitude, pas eu de réponse de Lindsay suite au message laissé sur son répondeur, j'essaie de faire abstraction pour simplement savourer l'instant, et m'épargner un ulcère.

— Cassandra commence à somnoler, et tu sembles fatiguée, toi aussi, murmure Thelma. La journée a été longue ! Dès que Chris revient, on ira se coucher.

J'acquiesce et profite que nous soyons toutes les deux pour assouvir ma curiosité.

— Vous organisez souvent ce genre de voyage ?

Elle ajuste le plaid sur sa petite-fille et pivote vers moi.

— À chaque Noël, depuis cinq ans. C'est notre road trip annuel, loin de l'effervescence de Los Angeles. Notre façon de faire vivre la magie de Noël.

— C'est une belle idée. Comment ça vous est venu ?

— La maman de Chris et de Cassie est décédée la veille de Noël, il y a six ans, et chacun d'entre nous a tenté de faire son deuil comme il le pouvait. Edward s'est lancé à corps perdu dans le travail, moi je me suis occupée de Cassandra. Quant à Chris, après s'être laissé influencer par les mauvaises personnes pendant un moment, il a finalement déménagé pour fuir Hollywood et les paparazzis… J'avais peur qu'il s'isole, mais heureusement, un jour, il est tombé sur Wendy, enfin, ce vieux camping-car. C'est alors qu'il m'a soumis l'idée d'un road trip ensemble, afin d'offrir à Cassie des fêtes de fin d'année qui ne seraient pas ternies par la mort de sa maman. Depuis, c'est devenu notre rituel.

— C'est triste et beau à la fois ! Je suis d'autant plus désolée de gâcher ce séjour en famille.

— Ne sois pas bête, Ellie. Honnêtement, je n'irai pas jusqu'à applaudir ce paparazzi ou qui que ce soit qui s'est introduit dans la maison, mais je suis très heureuse que tu te sois endormie dans le camping-car. Ta présence est… Ça nous fait du bien à tous. Surtout à Chris.

— Je ne suis pas sûre qu'il partage votre avis !

— Ne prends pas pour toi ses sautes d'humeur. Chris a beaucoup souffert, et il a du mal à accorder sa confiance. Mais je suis certaine que plus il apprendra à te connaître, et plus son côté bougon va se dissiper. Un peu comme toi avec Dumbo ! ajoute-t-elle en flattant l'encolure du chien.

— Et pourtant, avec Dumbo, ce n'était pas gagné d'avance !

Nous rions de bon cœur au souvenir de notre rencontre.

— Eh bien, il y a de l'ambiance ici ! Qu'est-ce qui vous met en joie ?

Chris, en surgissant de nulle part, me fait sursauter. Le souvenir de l'homme qui m'a menacée, même s'il s'est estompé, continue de planer comme une ombre dans mon cerveau.

— Rien de spécial, répond Thelma. On parle des jolies rencontres !

Le regard clair de Chris s'arrête sur moi quelques secondes, avant qu'il le détourne vers l'immense rocher. Et ce que m'a dit Thelma résonne en moi. Moi aussi, ça me fait du bien d'être ici.

10

Psychose

Je suis tirée de mon sommeil au beau milieu de la nuit par le craquement d'une branche. Une alarme mentale se déclenche dans mon cerveau. Et si le malfaiteur de l'autre soir avait retrouvé notre trace ? Notre emplacement dans le parc réservé pour le stationnement des camping-cars est très éloigné des autres véhicules, alors le stress s'empare de moi.

J'écoute attentivement, mais le silence a repris sa place. J'ai sûrement mélangé un cauchemar avec les ronflements de Thelma. Je plaque mon visage sous mon oreiller pour me rendormir, quand un nouveau bruit résonne. Je n'arriverai plus à fermer les yeux sans savoir s'il s'agit d'un touriste éméché ou d'un truand.

Discrètement, je descends de ma couchette. Dans le salon, Dumbo roupille, recroquevillé sur le banc où il a l'interdiction de grimper, une chaussette dépassant de sa gueule. Je m'approche de la fenêtre et me prends le pied dans sa gamelle d'eau, provoquant l'inondation de mon pyjama et les aboiements du chien. J'imagine déjà le regard noir que Chris va me lancer s'il réveille tout le monde alors, sans réfléchir, j'attrape Dumbo par le collier et le tire de force à l'extérieur, pour attendre qu'il se calme.

Un nouveau craquement m'incite à lever les yeux, pour apercevoir une ombre immense se glisser au milieu des séquoias. Je me rends compte de mon erreur. Pourquoi suis-je sortie, sérieusement ? Dans les films d'horreur, ce sont toujours les filles trop confiantes qui se font zigouiller en premier. Était-ce l'homme au revolver ou un ours ? J'en ai les poils qui se dressent et mes genoux qui jouent des castagnettes. Je me baisse pour récupérer le chien et vite rejoindre la sécurité du camping-car, mais ce traître de Dumbo a profité de mon instant d'inattention pour partir se dégourdir et accessoirement marquer son territoire sur toutes les feuilles du périmètre. Je vote pour que ce soit lui, le premier à se faire trucider, ça lui fera les pattes.

— Dumbo, reviens ici tout de suite !

Essayer d'avoir l'air autoritaire en chuchotant n'est pas une mince affaire. Le poursuivre ou ne pas le poursuivre ? Je pèse le pour et le contre lorsqu'un grincement de porte me fait tressaillir. Chris, depuis le seuil du camping-car, se penche vers l'extérieur en fronçant les yeux. Il referme doucement la porte et s'approche.

— Insomnie ?

— Non, moi, c'est Ellie…

Il pouffe de rire.

— J'ai entendu le chien aboyer.

— Quelqu'un rôdait. Ma maladresse a provoqué sa fuite…

— Tu as vu quelque chose ?

— Seulement une ombre.

— C'était peut-être le lutin de l'étagère…

Ne me prendra-t-il jamais au sérieux ?

— Sûrement, oui. Ou un ours. Ou un mec qui veut me faire la peau…

Dans la pénombre, je le vois lever les yeux au ciel.

— Je crois que j'aurais vraiment dû repartir à Los Angeles, je reprends. Tu penses sûrement que je suis complètement folle et que je vois des fantômes, mais je t'assure que ce n'est pas le cas. Et peut-être qu'à cause de moi, vous êtes embarqués dans une sale histoire…

Chris, comme souvent quand il est nerveux, se passe la main dans les cheveux.

— Tu sais, on ne t'a pas attendue pour avoir notre lot d'ennuis, essaie-t-il de plaisanter. Et on a l'habitude d'être épiés.

— Comment ça ?

Chris m'observe comme s'il essayait de juger s'il peut me faire confiance ou non, puis me désigne un banc, à quelques mètres de là.

— Ça te dit qu'on se pose ?

J'acquiesce et nous nous installons, tandis qu'il m'explique :

— Lindsay est une actrice de seconde zone, mais elle brille dans la presse grâce à ses frasques. Et mon père est producteur, ce qui suffit à le mettre sous le feu des projecteurs. Quant à nous, à moi surtout… J'ai beau me faire tout petit, certains aiment bien agiter le bâton dans la fourmilière. Ce type, si ce n'était pas un ours, est donc probablement un simple paparazzi en mal de ragots. Et si c'est le cas et qu'il suppose que tu es Lindsay, te savoir avec nous va attiser sa curiosité et il ne va plus nous lâcher d'une semelle.

— Je suis persuadée que quelqu'un vous veut du mal. Le type, devant chez vous, ce n'était pas un paparazzi.

— Parce que tu en côtoies beaucoup ? Ah, j'avais oublié. Ellie Lobster, grande star française ! dit-il sur un ton grinçant.

— Tu ne sais donc pas être sympa plus de trois minutes ? Ce n'est pas la peine de me dénigrer. Je n'ai pas encore trouvé le rôle qui propulsera ma carrière, mais ça viendra.

Un long silence ponctue ma déclaration, puis Chris se radoucit.

— Désolé. Tu es allergique à Noël, moi au show-business et aux paparazzis… Tu as donc vraiment envie d'être actrice ?

— Oui, depuis toujours ou presque, dis-je spontanément. C'est un rêve de gosse. Sortir de mon trou paumé, découvrir autre chose que mon univers…

— Tu peux développer ?

Son regard me laisse penser qu'il ne pose pas la question simplement par politesse, ou pour faire la conversation. Et si je suis gênée d'étaler le désastre de ma vie privée devant un comédien qui a connu la célébrité, les paroles de Thelma me reviennent en tête. Peut-être qu'en me livrant avec honnêteté, je peux inverser la tendance de nos rapports conflictuels. Je veux qu'il me fasse confiance. Pour cela, je dois faire tomber le masque.

— Je vis dans un bled de quarante habitants. Je suis la fille numéro deux et l'enfant numéro quatre d'une fratrie de trois filles et deux garçons. Je n'ai jamais été qu'un numéro, et jamais le premier. Alors, depuis que je suis gamine, je rêve de la première place. D'une place rien qu'à moi.

— On a tous un rôle à jouer dans une famille…

— Sûrement. Mais je n'ai jamais vraiment trouvé le mien. Je suis la fille de, la sœur de. Une Plouc parmi les Plouc… Pour moi, la seule façon de m'en tirer, c'était de briller. Alors j'ai tout essayé… sauf qu'il y avait systématiquement meilleur que moi. Adam en géographie, Isa à la danse, Amélie au chant…

— C'est peut-être l'échec qui te fait peur ?

— C'est ce que me dit souvent Marie-Lou, ma sœur.

— Pourquoi la comédie ?

— Marilyn Monroe a déclaré : « J'ai toujours pensé que je n'étais personne. Et le meilleur moyen pour moi d'être quelqu'un, c'est d'être quelqu'un d'autre. » Cette femme est mon modèle, en quelque sorte. Jouer un rôle est une seconde nature chez moi. C'était ma manière d'exister, à la maison. Je créais des spectacles, je façonnais des personnages. Je passais des heures à peaufiner des fiches pour les interpréter.

— Comment ça ?

— C'est un peu la honte… Tu ne te moques pas, d'accord ?

— Promis.

— Par exemple, si j'écrivais la description complète d'une centenaire aigrie, je me promenais le dos voûté, un manche à balai cassé en guise de canne. Je refusais de répondre si ma famille ne m'appelait pas par son nom, qui était noté au feutre effaçable sur le frigo de la cuisine.

Chris m'observe, un sourire flottant au coin de ses lèvres.

— Tu es incroyable !

— Ouais… Mes frères et sœurs ont tendance à dire que je suis la pire des Plouc, mais incroyable, ça me va aussi !

— Et donc, ton envie de faire carrière ?

— Mes premiers cours de théâtre ont été une révélation. C'est devenu une idée fixe. Mon seul talent.

Une boule obstrue tout à coup ma gorge. Je dois sûrement passer pour une fille totalement azimutée. Pourtant, Chris me sourit franchement pour la première fois depuis… pour la première fois, en fait.

— Je suis convaincu que tu as bien d'autres talents ! Et je ne suis pas d'accord avec toi. Être acteur, ce n'est pas seulement jouer des rôles. Les inconvénients sont nombreux, c'est dur, c'est décourageant, c'est aussi et souvent se perdre soi-même. Tu citais Marilyn Monroe tout à l'heure, je crois que c'est elle qui a dit un truc du genre : « Vouloir être quelqu'un d'autre, c'est gâcher la personne que vous êtes. »

— Tu m'as l'air bien amer concernant ce métier…

Chris regarde un instant dans le vide, comme s'il menait une lutte intérieure. Finalement, après un haussement d'épaules, il m'explique :

— Les paillettes, la reconnaissance du public, la gloire, tout ça, c'est la partie visible de l'iceberg, et c'est… illusoire. Dans ce monde de faux-semblants, personne n'est sincère, pas même avec lui-même. Et quand bien même tu restes authentique, ça peut vite déraper. Les success-stories ne sont pas monnaie courante, et pour ceux qui réussissent, combien sont pleinement heureux ? La drogue, l'alcool, la jalousie, les coups bas, c'est le quotidien de tous ces acteurs qui te font rêver. C'est un microcosme centré sur lui-même. Si on y entre, on n'en sort pas indemne.

— Et toi, tu en es sorti comment ?

Je me mords la langue. Il me fixe de ses prunelles claires.

— Comment tu sais ?

— J'ai percuté quand j'ai entendu ta grand-mère t'appeler Orsini. Ta série passait en France. Je ne regardais pas spécialement, mais... Bon, si, j'étais fan, en fait.

Il esquisse un sourire timide.

— Je m'en suis sorti, c'est déjà ça. Avec des hauts et des bas. J'ai commencé jeune, et j'ai eu la chance d'être bien entouré. Mon père était le producteur de *Happy Family*, ma mère l'actrice principale... Bizarrement, ces années-là ont été les plus normales de mon enfance. Je n'avais pas pour ambition d'en faire mon métier, mais c'était cool d'être avec eux. Ce qui m'a déplu, ce sont les fans, ces gens qui pensent te connaître par cœur. Ceux qui veulent t'approcher, te toucher, qui ne t'aiment pas toi, mais l'image que tu représentes.

Chris se lève et se dégourdit les jambes avant de se rasseoir. Nos bras se frôlent et je ressens un pincement du côté du cœur.

— Et ton aversion pour Noël, reprend-il, ça vient d'où ?

— Les habitants de mon bled s'échinent depuis des années à obtenir le label « village de Noël », alors qu'on vit en pleine campagne et que les seules personnes qui s'arrêtent dans la rue principale sont le facteur et des gens que le GPS a plantés.

— C'est tout ?

— Pas tout à fait. Je suis née le 25 décembre. Le jour de la grande fête de Noël de Petit-Bois. Résultat, je n'ai jamais eu un anniversaire à moi. On me fait parfois souffler une bougie sur la bûche glacée, que je déteste, mais la plupart du temps, on m'oublie. Ça n'aide pas à trouver sa place, tu vois ?

Chris incline la tête, l'air vraiment triste pour moi.

— Du coup, peut-être qu'inconsciemment, en scandant haut et fort que je haïssais Noël, j'ai cherché à me démarquer.

— C'est pour cela que tu gardes des chiens pendant les fêtes de fin d'année ?

— Mmmm, je crois qu'il est temps de t'expliquer les raisons de ma présence ici.

— Alléluia !

— Il te suffisait d'être sympa avec moi…

Il me donne une petite tape sur l'épaule, et je remarque que cette fois, son sourire a atteint ses yeux.

Je balaie les derniers restes de culpabilité quant au fait de briser ma clause de confidentialité. Après tout, Priotto m'a mise en danger en omettant un bon nombre de détails. Pendant la demi-heure qui suit, je relate les objectifs de ma mission, en réussissant, pour une fois, à ne pas trop m'éparpiller.

Chris grince des dents, et je pourrais presque voir ses neurones cogiter entre eux.

— C'est complètement fou. Lindsay serait donc au Japon ? Cela expliquerait pourquoi on n'arrive pas à la joindre.

— Sûrement.

— Et c'est pour ta mission que tu voulais vite réintégrer la maison ?

J'angoisse soudain à l'idée que maintenant qu'il est au courant, il décide de me renvoyer à la villa.

— Oui, mais je suis beaucoup moins pressée, désormais. Je n'ai pas envie de me retrouver dans un moulin ouvert à tous vents !

Il pose sa main sur la mienne et je sens un délicieux frisson courir le long de ma colonne vertébrale.

— Je comprends mieux, Ellie Lobster. Merci de t'être confiée.

— Tu te rends compte qu'on a réussi l'exploit de ne pas s'engueuler une seule fois ?

— Il faut croire qu'on commence à s'apprivoiser…

La conversation prend une tournure plus légère. Quand il n'est pas sur la défensive, Chris s'avère intéressant, modeste, drôle et vif d'esprit. Nous bavardons jusqu'à une heure avancée de la nuit, et finissons par bâiller à tour de rôle. Le retour d'un Dumbo geignant pour retrouver le confort de son panier signe la fin de cette soirée insolite.

— On va dormir ? suggère-t-il. On a besoin d'être en forme pour la randonnée ! Je vais réclamer aux rangers qu'ils fassent un tour de garde supplémentaire.

Tout paraît plus simple quand on a quelqu'un avec qui partager.

11

Fight club

Moi la grincheuse de Noël, je marche dans le parc de Yosemite depuis deux heures à la recherche d'indices disséminés dans la nature, et aussi absurde que cela puisse paraître, j'aime ça. C'est sûrement accentué par le fait que, depuis que j'ai avoué à Chris la véritable raison de ma présence aux États-Unis, je me sens plus légère, mais l'animation est vraiment bien ficelée. Chaque rébus, question ou devinette nous rapproche un peu plus de la réserve de sucres d'orge volatilisés par des elfes facétieux. Si, au départ, Chris m'a traînée de force, arguant que cela m'offrirait surtout l'occasion de me promener entre les séquoias géants et de découvrir une cascade fabuleuse de plus près, je dois avouer que grâce à l'encadrement des rangers et à l'ambiance générale, je me suis légèrement prise au jeu.

— J'en ai un, youhou, je l'ai ! je hurle en sautillant sur place et en décrochant un papier accroché à une branche par un bolduc doré.

Oui, il est même possible que je sois une des plus enthousiastes du groupe.

Aussitôt, tous les enfants qui participent au jeu de piste m'encerclent. Je déplie le message sous leurs regards illuminés. Présentement, je joue le meilleur rôle de ma vie, puisque je leur offre le tout dernier indice, celui qui doit conduire aux sucres d'orge.

— C'est écrit que le trésor se trouve dans le lieu qui rassemble la chose la plus essentielle à Noël, je lis.

Chacun y va de sa réponse. Un magasin de jouets ? Les cuisines d'un restaurant ? Un parc d'attractions ? C'est finalement Cassie qui s'impose en grande gagnante :

— Ça doit être au point de départ, là où il y a le salon des familles ! C'est ça le plus important, à Noël !

J'en ai les larmes aux yeux. Cette petite est mille fois plus mature que moi. Ses camarades la félicitent, lui tapent dans la main, et tous les gosses s'envolent telle une nuée de pigeons vers le bar-restaurant qui fait office d'espace de rencontre.

— Je te trouve plutôt à l'aise pour quelqu'un qui n'aime pas Noël, me souffle Chris, une moue moqueuse flottant sur les lèvres.

— C'est pas pareil, là, je me renfrogne. Ça n'a même rien à voir avec Noël. On est ensemble, on s'amuse, on vit un moment simple…

— C'est exactement la définition de la magie de Noël… dit-il en me faisant un clin d'œil. Avec quelques sucres d'orge en bonus !

Je médite sa phrase, en essayant d'imaginer les Petit-Boisiens courir dans la forêt à la recherche de rébus. Oui, ce serait bien leur genre. Nous prenons place sur la terrasse en bois qui surplombe la rivière, et nous commandons des chocolats chauds pendant que Cassandra file jouer avec ses copains.

— Je reviens dans quinze minutes, déclare Chris en désignant de l'index son téléphone qui vibre, mettant fin à cette parenthèse de douceur.

Je le regarde s'éloigner avant de poser à Thelma la question qui me brûle les lèvres depuis deux jours.

— Il reçoit beaucoup d'appels, Chris, non ?

Je suis la reine pour tourner autour du pot et attendre que le couvercle se dévisse tout seul.

— Oh, ça, oui, approuve la vieille femme.

— C'est par rapport à son travail ?

— En partie.

Je bouillonne intérieurement. Dès qu'il s'agit de la vie privée de Chris, c'est motus et bouche cousue. À croire qu'un truc cloche sérieusement. Il est agent double, fugitif échappé d'une prison, membre anonyme d'une confrérie secrète et illégale ? Il appartient au *fight club*, et a bien retenu la première règle qui stipule qu'on ne doit pas en parler ? Ou alors, est-ce que ça a quelque chose à voir avec le type qui s'est introduit dans la maison ? En avouant que mon job consistait à jouer la doublure de Lindsay, j'ai ouvert la brèche pour les confidences, mais il ne m'a rien dit en retour. Cache-t-il quelque chose ?

Thelma éclate de rire, m'obligeant à cesser mes hypothèses farfelues.

— Ellie, arrête de ruminer, ça te brouille le teint. Si tu veux savoir quelque chose concernant Chris, il vaut mieux que tu lui en parles directement.

Je me mordille les lèvres.

— Bien sûr, enfin… Comme vous l'avez peut-être remarqué, Chris commence tout juste à se détendre en ma présence, alors, je n'ai pas envie de mettre les pieds dans le plat…

— Je m'en suis rendu compte, oui. Il était temps ! Vous êtes aussi empotés l'un que l'autre. Deux beaux jeunes gens qui se dévisagent sans rien oser… À mon époque, l'affaire aurait été pliée depuis belle lurette !

— Oh ! Thelma, non, vous n'y êtes pas du tout ! Qu'allez-vous imaginer ?

— Je n'imagine rien, je vois. Et je ressens cette tension dans l'air…

— Vous passez trop de temps le nez dans vos cartes !

— Oui, c'est ça, sûrement. En attendant, navrée, mais je ne suis pas une très bonne source. Depuis le décès de sa maman, Chris me protège comme si j'étais une pauvre petite chose fragile. Je sais qu'il a vécu quelques déconvenues, mais comme il y a un monde entre ce que je devine et ce qu'il me confie…

— Je ne voulais pas connaître les détails de sa vie amoureuse, seulement les raisons de ses multiples coups de téléphone. Il gagnerait du temps à le greffer directement sur son oreille, et toutes ces ondes, ce n'est pas forcément bon !

— Granny, Ellie ? J'ai perdu mon Frisbee ! sanglote Cassandra depuis la plage.

— On arrive ma chérie, répond Thelma. Fin des potins, plaisante-t-elle en me faisant un clin d'œil, et j'ai le sentiment qu'elle est soulagée d'avoir été interrompue.

Les secrets et les non-dits ont décidément la part belle dans cette famille. Entre Thelma et Chris qui ne peuvent pas voir Lindsay, le mari de cette dernière dont on n'entend que rarement parler et Chris qui semble être un mystère à lui tout seul... Ils ne tiendraient pas plus de dix secondes à Petit-Bois, les pauvres !

Durant la demi-heure suivante, nous cherchons le Frisbee acheté la veille dans une boutique de souvenirs du parc après que Dumbo a mangé le précédent. Ce chien doit avoir du papier de verre en guise de papilles gustatives. Cassie finit par s'asseoir sur un tronc d'arbre couché au sol, en proie à un gros chagrin. Je m'approche d'elle et lui caresse les cheveux.

— Je comprends que ça te fasse de la peine, Cassie. Mais peut-être qu'un des enfants s'est dit qu'il s'agissait du sien et est parti avec. Il s'en rendra compte et le rapportera demain.

— Moi, je pense que c'est Peter qui me l'a volé. Il n'arrêtait pas de m'embêter pour que je le lui donne, et moi, j'ai refusé. J'ai vu qu'il avait disparu après son départ.

— S'il l'a réellement volé, Cassie, crois-moi, il sera puni.

— Par son papa et sa maman ?

— Oui, ou par le destin.

— Le destin ? Comment il va le punir ?

— Tu sais ce qu'on dit : Qui vole un œuf vole un bœuf.

— Bah, il n'a pas volé un œuf, mais mon Frisbee.

— Oui, mais c'est... une expression. C'est vrai, en anglais ça ne se dit pas de cette manière. Alors disons que... Je vais te raconter une histoire. Quand j'avais dix ans, j'ai emprunté la perruque de mon oncle Maurice pendant sa sieste. Je comptais l'utiliser comme barbe pour un personnage que je venais d'inventer, Didier, barbier mélomane à la pilosité prononcée. Le postiche étant trop épais, je l'ai taillé. À son réveil, mon oncle, furieux, a hurlé que j'étais une voleuse et que j'allais sûrement devenir une criminelle, selon l'adage « Qui vole un œuf vole un bœuf ».

— Et t'as volé un bœuf après ?

— Non, heureusement ! J'ai été punie, ce qui m'a sûrement évité de recommencer.

— C'était quoi, ta punition ?

— J'ai dû lui écrire une lettre d'excuse, sans avoir le droit d'y ajouter que j'estimais lui avoir rendu service. Et puis ensuite, l'oncle Maurice a boudé pendant des semaines, jusqu'à ce qu'il se rachète une perruque qui ressemblait à un écureuil écrasé par un tracteur.

— Tu vas m'acheter un écureuil mort ?

— Pas du tout ! Je… Bon, en fait, oublie, je me suis un peu dispersée.

Cassie fronce les sourcils, puis elle recouvre son air malicieux.

— Ça va, je crois que j'ai compris. Tu ne sais vraiment pas raconter une histoire, mais je t'aime bien quand même, Ellie. Tu veux jouer au foot avec moi ?

J'accepte et elle me saute au cou.

— Tu as raison Cassie. Je ne sais pas raconter d'histoire, mais je t'aime bien, moi aussi. Allons jouer au foot.

— Chris, pourquoi tu rigoles ? questionne Cassie en regardant dans mon dos.

Je fais volte-face et découvre son frère qui m'observe avec une expression amusée. Il n'a sûrement pas loupé une miette de notre échange. Je cherche une excuse, mais il se penche vers moi et me glisse :

— Tu ne sais effectivement pas raconter les histoires, Ellie Lobster, mais moi aussi, je crois que je t'aime bien.

Mon cœur rate un battement et je me prends le ballon en plein dans l'arcade sourcilière.

12

La rançon

Après un énième appel qui a duré une éternité, Chris nous rejoint au camping-car l'air si préoccupé que même sa grand-mère le regarde avec inquiétude. Seule Cassandra joue sans se formaliser de l'ambiance.

— Vous préférez quoi ? demande-t-elle. Manger du serpent ou vous essuyer les fesses avec des feuilles ?

— Manger du serpent, bien sûr, répond sa grand-mère. Bien cuit, c'est délicieux. Cassie, tu files à la douche ?

— Oh bah, je me suis déjà lavée hier…

— Tu préfères quoi, lui répond sa grand-mère, prendre ta douche deux jours d'affilée ou qu'un ours vienne te renifler les aisselles ? Parce que je te préviens, j'ai toute une famille d'ours dans mon répertoire.

— OK, j'y vais… Même si je sais que tu n'as pas le numéro d'un ours pour de vrai, Gran'. Les ours s'appellent en grimpant dans les arbres.

— Tu ne me crois pas capable de monter dans un arbre ?

Sitôt la fillette enfermée dans la salle de bains, la mamie rebelle nous ordonne de la suivre à l'extérieur.

— Bien, décrète Thelma, autoritaire. Qu'est-ce qui se passe ?

— Je viens d'avoir mon père au téléphone. Apparemment, Lindsay a disparu.

Un hoquet de surprise m'échappe.

— Au Japon ?

— Non. Selon mon père, il n'a même jamais été prévu qu'elle y aille.

Je fronce les sourcils, déboussolée.

— C'est impossible, c'est la raison pour laquelle j'ai été engagée !

— Eh bien, tu t'es fait avoir. Mon père a reçu une demande de rançon.

— Quoi ? Mais c'est affreux !

Ma gorge se noue, et le souvenir de l'homme qui s'est introduit dans la maison me percute.

— John est sur le coup ? demande Thelma.

— Papa l'a alerté, en effet. Il doit me rappeler. Ellie, je suis désolé, mais étant donné les circonstances, j'ai dû lui parler de toi, et de ta véritable présence dans la maison.

Je balaie l'air de ma main.

— Évidemment, je comprends. Même sans briser ma clause de confidentialité, je n'avais de toute façon plus grand espoir de finir employée du mois… On rentre immédiatement ?

Mes deux interlocuteurs me dévisagent comme si je venais de leur confier que j'étais folle amoureuse de Donald Trump et que je partais à Las Vegas pour l'épouser sur-le-champ.

— Surtout pas, annonce Thelma. Si l'affaire s'ébruite, il y aura plus de journalistes devant la maison qu'à la remise des Oscars. Et pas la plus fine fleur du journalisme, en l'occurrence. Cela va surtout attirer les charognards en manque de potins. Je refuse que Cassie soit mêlée à ça.

— Je rajouterais que si John fournit les bandes-vidéo des caméras de surveillance à la police, ton étrange ressemblance avec Lindsay risque de te faire passer de témoin à suspect, Ellie.

— Il serait peut-être judicieux que je me rende ? je bafouille, en proie à une montée d'angoisse.

— Ce sont les coupables qui se rendent.

— Oui, bon, que j'aille faire une déposition ? Mon contrat se trouve dans la chambre de Lindsay, je pourrais prouver ma bonne foi, non ?

— Pour le moment, la police n'a pas été avertie, mon père préfère essayer de gérer ça lui-même. Je ne crois pas qu'il ait envie de payer, de toute façon.

— Ah bon ?

— Sauf si John lui certifie que c'est son dernier recours.

— La pauvre Lindsay, mon Dieu…

Une veine pulse sur la tempe de Chris, et ses yeux s'assombrissent.

— La pauvre Lindsay, comme tu dis, est plutôt du genre à s'être collée elle-même dans le pétrin.

— Comment pourrait-elle s'enlever elle-même ?

— Tu es décidément un Bisounours, Éléonore, me balance-t-il sur un ton acerbe.

— J'imagine que ce n'est pas un compliment ?

— Dans ce cas précis, pas tout à fait, non. Comme je te l'ai déjà expliqué, Lindsay est très douée pour se fourrer dans des galères inextricables. Elle est aussi très forte pour réclamer aux autres de la dégager du bourbier. Je ne m'inquiète pas pour elle. Si elle a effectivement été enlevée, ce dont je doute, je plains plutôt ses ravisseurs qui vont vite en avoir assez de ses caprices de diva.

Je suis scotchée. N'a-t-il donc aucune empathie ? J'en viendrais presque à le soupçonner de jouer un rôle dans cette affaire. Aurait-il pu se débarrasser de sa belle-mère ? À bien y repenser, il a paru très étonné de me trouver sur le pas de la porte, déguisée sous les traits de Lindsay. Peut-être que je partage le camping-car d'un criminel. Si je prends en considération le nombre d'appels qu'il reçoit chaque jour, c'est tout à fait envisageable. Les rouages de mon cerveau se mettent en branle. Je ferais bien de me méfier de Chris.

Je remarque que sa grand-mère et lui ont les yeux braqués sur moi.

— Ça va, mon poussin ? Tu es toute pâle, s'inquiète la septuagénaire.

— Eh bien… J'ai beau ne pas connaître Lindsay, c'est quand même un choc ! Ce n'est pas le genre d'affaires qui arrive à Petit-Bois, ça fait beaucoup pour moi…

— Tu es sûre que c'est la seule chose qui t'inquiète ? m'interroge Chris, des rides creusant son front. Tu n'as rien à nous dire ?

— Qu'est-ce que tu veux savoir ? Je t'ai tout raconté…

Chris reprend son air suffisant.

— Je me demande si tu n'en sais pas davantage que ce que tu veux bien nous faire croire.

Le comble ! Il suggère que je puisse être mêlée à cette disparition, à présent ?

— Ce n'est pas moi qui ai un souci avec Lindsay.

— Qu'est-ce que tu veux dire ?

— Rien, je me demande si tu n'en sais pas davantage que tu veux bien nous faire croire, dis-je en répétant mot pour mot sa dernière tirade.

— Allons, calmez-vous, tempère Thelma.

Bientôt, elle va nous obliger à nous embrasser sur la joue et à nous promettre de ne plus recommencer.

— En tout cas, c'est moi qui ai été menacée. Enfin, la moi déguisée en Mme Hamilton. Cela signifie de une, qu'elle avait des ennemis, et de deux, qu'elle a logiquement été kidnappée après ma venue, non ?

— Pas forcément, réfléchit Chris à voix haute. Avec cette harpie, on peut s'attendre à tout.

— Ta réplique n'est pas celle d'un ange non plus.

Nous nous fixons tous les deux sans qu'aucun de nous ne se décide à baisser le regard. C'est un bras de fer optique. On se croirait dans une partie de « Le premier de nous deux qui rira aura une tapette », sauf que nous n'avons pas envie de rire. La méfiance et la suspicion se lisent dans nos prunelles.

— Vous deux, arrêtez de vous mater du coin de l'œil, rugit la mamie, nous sortant de notre face-à-face. Nous avons besoin d'être soudés pour gérer la situation.

Nous clignons des yeux et baissons la tête comme deux gamins surpris à se disputer pour des bonbons.

— OK, marmonnons-nous en même temps.

— Donc, reprend-elle sur un ton autoritaire, on poursuit exactement notre programme. Demain matin, on part à Sacramento.

— Et vous me déposez à la gare pour que je rentre chez les Hamilton ?

— Non. On poursuit notre programme, à un détail près. Désormais, Ellie, tu restes avec nous.

Le grognement de Chris augure des vacances mémorables.

13

Les hommes préfèrent les blondes

Après une nuit à faire des cauchemars dans lesquels je dois jouer le sosie du père Noël après son enlèvement, nous quittons Yosemite en fin de matinée. À l'avant du camping-car, une convention de croque-morts ne nous envierait pas l'ambiance. Chris conduit les lèvres scellées, comme s'il avait fait vœu de silence, malgré mes multiples tentatives pour lancer une discussion. J'en conclus qu'il n'est pas spécialement ravi que je sois devenue l'une des leurs pour la suite de l'aventure, mais comme je ne peux pas disparaître en un claquement de doigts, il va falloir qu'il s'y fasse.

À l'arrière, c'est la journée nationale de la voyance. Thelma mélange et tire les cartes de son jeu de tarot comme si nos vies en dépendaient. Régulièrement, elle s'arrête pour griffonner quelques mots sur une feuille de papier, puis reprend son manège. Cassandra, par mimétisme sans doute, caresse sa boule à neige, révélant à un Dumbo médusé les cadeaux de Noël qu'il va sûrement recevoir s'il apprend à donner la patte. J'aimerais avoir six ans ou être un chien.

Enfin, Chris se gare dans un camping à l'entrée de Sacramento. Ici non plus, l'esprit de Noël n'a pas été pris à la légère. Un bonhomme en pain d'épice géant nous souhaite la bienvenue. Des sapins artificiels remplis de guirlandes séparent les emplacements. Près d'une piscine dans laquelle flotte un traîneau pneumatique, un jardin miné de personnages féeriques permet aux clients de se rassembler pour pique-niquer. Derek, le propriétaire âgé d'une trentaine d'années, nous présente fièrement son domaine et nous propose de boire un thé en sa compagnie. Chris me marmonne de faire profil bas, à cause de ma ressemblance avec Lindsay. Je lui décoche un regard lourd de reproche et accepte l'invitation, tandis que Cassie fait le tour du camping à la recherche d'amis et que sa grand-mère part se reposer dans le camping-car.

— Vous vous êtes disputés avec ton copain ? me questionne Derek en me servant une tasse de thé accompagnée d'un célèbre Gingerbread.

— Non. Et ce n'est pas mon copain.

— Il le sait ? Parce que j'ai l'impression qu'il va me péter les rotules et les donner à manger à votre chien.

Je relève la tête et croise l'œillade assassine de Chris, son téléphone comme toujours vissé à l'oreille, juste avant qu'il ne disparaisse de mon champ de vision.

— Il est bougon de nature, et son travail accapare ses pensées, c'est tout.

— Il n'est pas présentateur télé ? Sa tête me dit quelque chose…

Je déglutis.

— Il paraît qu'il a de faux airs d'un joueur de foot américain, mais tu sais, moi, je n'y connais rien du tout, alors… Il est vendeur de chaussures.

— C'est ça qui le mine ?

— Ah ! Oui, c'est parce qu'un stock de baskets qu'il attendait avant qu'on parte en vacances s'est perdu sur la route. Juste avant Noël, tu imagines ? Il est sur les nerfs, forcément. Bon, je dois y aller. À plus tard peut-être ?

Chris avait raison. La meilleure façon de n'éveiller aucun soupçon, c'est de se faire tout petit. Cela doit être terriblement agaçant, en fait, d'être reconnu à tout bout de champ !

— Granny ! rugit Cassie, un flyer à la main, alors que j'arrive sur l'emplacement. Il y a la grande parade de Noël ce soir ici ! Et ça se termine par un feu d'artifice ! On y va ?

— C'est hors de question, affirme Chris en revenant vers nous, tandis que les yeux de sa sœur s'emplissent de larmes.

— Mais c'est nos vacances de Noël, lâche-t-elle.

Chris se penche vers elle.

— Je sais, mais…

Je pose ma main sur son avant-bras pour l'interrompre, et murmure :

— Chris, vous pouvez peut-être y aller sans moi.

— Non. On reste ensemble, c'est le plan.

— Parce que tu veux me surveiller ?

Il me lance un drôle de regard, puis secoue la tête.

— Non. Parce que je veux veiller sur toi.

Ses yeux restent plantés dans les miens, et mon cœur s'emballe. Cette façon de souffler le chaud et le froid devrait m'agacer au plus haut point, pourtant je ne peux m'empêcher de réagir comme une adolescente.

— Je pense que le meilleur moyen de ne pas se faire remarquer, c'est de se fondre dans la foule, avance Thelma. Alors… si on allait se trouver des déguisements pour défiler ?

À la mine de Chris, je comprends qu'il est vaincu, et sa sœur aussi, puisqu'elle lui saute dans les bras.

C'est ainsi que moins de deux heures plus tard, nous nous retrouvons à flâner chez Evangeline's, une échoppe située dans le vieux Sacramento. La boutique de farces et attrapes, une véritable institution, loge dans une maison de trois étages, où chaque pièce représente un monde et une thématique différents. Cassie et Thelma remplissent avec frénésie un panier de mille et une petites merveilles aux couleurs de Noël. Lunettes, chapeaux, chaussettes… De mon côté, je déambule au hasard et admire les costumes, le cœur lourd. Ma famille et les Petit-Boisiens adoreraient ce lieu. Si je pouvais leur envoyer quelques gadgets, ils seraient tellement heureux !

Dans le rayon des perruques, j'essaie une chevelure blonde et me regarde dans le miroir. Ah, enfin, la vraie moi ! Ça fait du bien de ne plus me voir avec cette tignasse brune que j'en suis arrivée à haïr !

— Eh bien ! Comment dit ton amie Marilyn, déjà ? Ah, je sais… Les hommes préfèrent les blondes ! Aurais-je donc l'authentique Éléonore en face de moi ? me demande Chris qui a revêtu un masque de loup.

— Je n'ai pas le droit de parler au loup, dis-je. J'ai déjà un ours mal léché qui m'accompagne, ça suffit comme ça !

— Ouh ! Le loup est touché ! plaisante-t-il en portant les deux mains à son cœur. C'est un reproche ?

— Un constat. Même Derek, qui ne nous a pas vus plus de quelques minutes, s'en est aperçu.

— Derek me dénigre pour mieux te draguer, mon enfant.

— C'est faux ! Ceci dit, c'est rigolo, parce que de son côté, il a cru qu'on était ensemble et que tu étais jaloux.

Je me reproche immédiatement cet aveu spontané, et observe sa réaction du coin de l'œil. Il ôte son masque, me dévoilant sa légère fossette qui s'accentue quand il sourit, et son regard s'attarde sur mon visage quelques secondes pendant lesquelles je cesse de respirer.

— Eh bien, je… hésite-t-il.

— Chris, hurle Cassie depuis une autre pièce. Viens voir ! Y a toute une salle sur les diseuses de bonne aventure ! Je peux acheter un foulard ?

— Sauvé par le gong, ricane-t-il en s'éloignant.

Nous sortons du magasin et enfilons nos achats. Avec nos chapeaux en forme de cadeaux et nos énormes lunettes sapin, nous passons inaperçus au milieu des badauds affublés comme nous, et qui se pressent vers le grand défilé de Noël.

De notre côté, Chris a jugé plus raisonnable que nous nous rendions directement au feu d'artifice, sans participer à la parade. Même avec nos accessoires, déambuler dans un lieu où tous les appareils photo sont braqués sur le public n'était effectivement pas le meilleur plan.

Nous nous dirigeons vers le vieux quartier de Sacramento. J'ai le sentiment, en découvrant les boutiques, l'ancienne école et le bateau à aube, d'avoir été propulsée dans une autre époque. Tout est adorable, vintage et authentique. Et puis, soyons honnêtes, cette échappée résonne en moi comme une récréation improvisée.

Le fleuve que nous devons longer pour arriver au lieu de pique-nique, près du Tower Bridge, est saturé de canots de plaisance, eux-mêmes surchargés d'Américains qui dansent, crient, rient et boivent sans se soucier de leurs voisins. La cacophonie est insupportable, encore plus après le calme auquel Yosemite nous avait habitués. Nous pressons le pas, pour le plus grand plaisir de Cassie qui peut courir, et au désespoir de Dumbo dont la langue va finir par racler le sol. Enfin, Thelma s'arrête, satisfaite de son spot. Je balaie le paysage d'un regard appréciateur. D'ici, nous avons une vue dégagée sur un pont immense qui semble peint en or.

La foule devient rapidement plus dense, plus compacte, et plus bruyante. Des applaudissements se font entendre. Le ciel est bien noir à présent, et le feu d'artifice démarre sous les acclamations joyeuses du public.

Je n'en ai jamais vu un aussi incroyable. Il est tiré au-dessus du pont en or, ce qui ajoute au charme, mais ce n'est pas le seul élément qui me ravit. C'est un bouquet final à chaque instant, je me demande même comment ils vont conclure ce spectacle tant ça saute, brille et explose de partout. J'en prends plein les yeux, tandis que les vibrations retentissent dans tout mon corps. Je me tourne vers Chris, un sourire jusqu'aux oreilles accroché sur la figure. Il m'observe, une lueur nouvelle dans le regard. Mon cœur bondit dans ma poitrine, et cette fois, ce ne sont pas les bruits extérieurs qui me procurent cette sensation.

Mes joues se réchauffent et je détourne le regard vers les autres spectateurs. Ils se sont déplacés en famille, parfois entre amis, et, quel que soit l'âge, tout le monde a la même expression radieuse sur le visage. À part un type, pile dans ma ligne de mire, qui nous fixe, la mine sombre et le sourire à l'envers.

— Chris, dis-je en attrapant sa main pour qu'il me prête attention, sans cesser de regarder l'homme pour ne pas le perdre des yeux. Chris !

— Oui ?

— Regarde le gars, en face, là ! C'est lui qui s'est introduit dans la villa…

Le bouquet final éclate, provoquant des « waouh » d'admiration qui ajoutent à la cacophonie ambiante. Chris est obligé de se rapprocher de moi pour m'entendre.

— Je n'ai rien compris, qu'est-ce qu'il y a ?

Pendant que je me répète, l'homme, qui s'est certainement senti démasqué, fait demi-tour et se fond dans la foule.

— Le type au flingue ! Il est là ! Vite, il s'en va !

Chris se redresse d'un bond, mais trop tard. Il s'est volatilisé.

Je me mets à trembler et à sangloter en même temps.

Chris enroule un bras protecteur autour de mes épaules et caresse doucement mon dos de son autre main.

— OK, calme-toi, Ellie. On va rester groupés, et attendre que les badauds s'en aillent pour suivre le mouvement, d'accord ? Tout va bien se passer. Je te le promets.

14

Bodyguard

Une fois Cassie couchée, nous nous retrouvons dans le petit jardin où, tout à l'heure, je buvais tranquillement un thé avec Derek. Un milliard de questions, de doutes et d'angoisses s'entrechoquent dans mon cerveau, mais ma décision est prise.

— Je vais repartir à Los Angeles.

Les yeux de Chris lancent des éclairs.

— On a déjà abordé le sujet, c'est dangereux pour toi, réplique-t-il avec autorité.

— Sauf que si je reste, c'est dangereux pour vous. Il serait peut-être même plus judicieux que je rentre en France, en réalité.

— C'est non, Éléonore. Tu as approuvé notre plan, l'autre jour. Point final.

— Attendons que John nous donne des précisions sur la marche à suivre, ajoute Thelma.

— Il ne devrait pas tarder, d'ailleurs, dit Chris en regardant son téléphone.

— Ah bon ?

— Je l'ai contacté ce matin. J'avais décidé de le retrouver tout seul, après la soirée, mais étant donné la situation, je lui ai envoyé un message pour lui demander de nous rejoindre.

— Quand on parle du loup, s'exclame la grand-mère.

Je me retourne et étouffe un cri.

— C'est le type au revolver !

Je bondis de ma chaise et attrape le premier objet qui me vient, à savoir une carafe d'eau.

— Ne faites pas un pas de plus !

Chris se dresse devant moi, tandis que l'homme en noir lève les mains en l'air.

— Calmez-vous, dit-il, je vais tout vous expliquer.

— Ellie, ajoute Thelma, John travaille avec nous depuis toujours, on peut lui faire confiance, je t'assure.

Je me laisse retomber sur ma chaise, estomaquée. Un rire nerveux monte tout à coup dans ma gorge.

Ce type que j'ai pris pour un gangster était en réalité le garde du corps ! Et dire que je me suis crue en danger. Mon imagination m'a encore joué des tours, et provoqué tout ce bazar. C'est donc entièrement ma faute si j'ai fini dans le camping-car. Je me donnerais des claques, même si, à ma décharge, je ne pouvais pas savoir qu'il était inoffensif. Après tout, il se baladait quand même avec une arme à la main !

— Chris, Thelma, salue-t-il avec un petit signe de tête. Et Ellie, enchanté, je suis John Tucker, se présente-t-il en me tendant la main.

— Je suis désolée, je réponds.

— Non, tu es Ellie, me souffle Chris, ce qui a le mérite de me tirer un maigre sourire.

— Vous n'avez pas à vous excuser, ajoute John. C'est moi qui suis navré de vous avoir effrayée. Et ce, à plusieurs reprises, apparemment.

— Mais pourquoi êtes-vous entré dans la maison comme un voyou, sans vous annoncer ? Et tout à l'heure, parmi la foule devant le feu d'artifice, c'était bien vous aussi ? Pourquoi nous suiviez-vous ?

— Me permettez-vous de m'asseoir avant de subir un interrogatoire ?

Je hoche la tête, et Thelma en profite pour récupérer la carafe d'eau que j'agrippais instinctivement.

— Bien, commence John, comme le disait à l'instant Thelma, je travaille pour la sécurité de M. Hamilton depuis de nombreuses années. J'étais en congé quand il m'a appelé pour me dire qu'il se trouvait au Japon, sans Lindsay, et pour m'avouer qu'il avait des soupçons quant à ses activités…

— Quel genre d'activités ?

Le garde du corps toussote en observant Chris et Thelma du coin de l'œil.

— Du genre illégales, chuchote-t-il avant de reprendre plus fort. C'est pourquoi il m'a prié de surveiller la maison, sans prévenir quiconque, afin de mener ma mission le plus discrètement possible.

— Il aurait pu nous mettre dans la confidence, déplore Thelma, visiblement agacée.

— Je pense qu'il ne voulait pas gâcher votre road trip de Noël, mais aussi qu'il avait honte du comportement de sa femme, ce qui est compréhensible.

Nous hochons la tête.

— Vous êtes donc venu la veille du départ pour vérifier ?

— Tout à fait. Je cherchais des preuves, j'ai attendu que tout le monde soit endormi pour me faufiler dans la maison.

— Des preuves de quoi ? demande Chris, devançant ma question.

Les lèvres de John forment une petite grimace désolée :

— Du trafic de drogue auquel Lindsay participe avec une sorte de gang, les frères Evans, chefs d'un gang du Texas appelé les Blood Brothers.

Quelques secondes de silence suivent sa déclaration. Thelma est la première à reprendre ses esprits :

— Attends… Comment Edward est-il au courant ? lance-t-elle.

— Eh bien, il ne l'était pas tout à fait. M. Hamilton était persuadé que Lindsay n'avait jamais vraiment décroché de la drogue, ce qu'elle lui avait pourtant promis à maintes reprises. Mais de là à imaginer qu'elle participait à un trafic national… Pour cette partie, en fait, c'est un ami qui bosse au FBI, l'agent Torres, qui m'a contacté.

— Le FBI ? je manque de m'étouffer en prononçant le nom de la célèbre police américaine.

Suis-je en train de tourner dans une mauvaise série B ?

— Oui. Torres savait que j'étais proche des Hamilton et donc de Lindsay, et que j'aurais sûrement des informations qui pourraient l'aiguiller. Bref. Toujours est-il que je n'ai rien trouvé qui pourrait l'aider dans la maison. Et le lendemain, vous étiez tous partis. Y compris celle que je pensais être Mme Hamilton, parce que je ne m'étais pas rendu compte que la vraie Lindsay s'était déjà volatilisée et qu'elle avait été remplacée par Ellie !

— Cette histoire est abracadabrante ! À quel moment l'as-tu compris ? demande Thelma.

— Depuis votre départ, j'avais des doutes. Étant donné les relations tendues entre Chris et elle, il me semblait très étrange qu'elle soit partie avec vous en camping-car. Ensuite, Torres m'a annoncé qu'un de ses agents l'avait aperçue dans le parc de Yosemite. Nous étions en train de nous organiser pour l'interpeller quand M. Hamilton m'a appelé. Il venait d'avoir Chris au téléphone, qui lui avait révélé la mission d'Ellie.

— Et les pièces du puzzle se sont assemblées, conclut Thelma.

— Exactement. La vraie Lindsay a en réalité quitté Los Angeles le jour de ton arrivée, Ellie, ce que personne n'a remarqué dans la mesure où tu l'as remplacée.

Je tente de réfléchir malgré toutes les informations qui noient mon cerveau.

— Et ce type qui m'a agressée devant la maison, il faisait partie du gang des trafiquants de drogue ? dis-je.

— À quoi ressemblait-il ?

— Je n'ai malheureusement pas eu le temps de voir son visage, mais il avait un accent très prononcé. Maintenant que j'y pense, c'était sûrement l'accent texan !

Cela a l'air de faire plaisir à John.

— Voilà donc qui confirme notre hypothèse : Lindsay se serait non seulement fait la malle, mais en outre, elle aurait trahi les frères Evans pour apporter seule la drogue à Steve Carpenter, le revendeur, et ainsi rafler le jackpot. Et toi, Ellie, ton rôle consistait à faire croire qu'elle était chez elle, lui laissant ainsi tout le loisir de mener un double jeu.

— Un programme parfait, marmonne la septuagénaire.

— Sauf qu'en te réfugiant dans le camping-car et en abandonnant ton poste, Ellie, tu as joué au grain de sable dans la mécanique bien huilée. La demande de rançon doit être un plan B, et ce n'est pas une bonne nouvelle.

Priotto était-il au courant du guet-apens dans lequel il m'envoyait en me faisant signer ce contrat ? Cela me paraît inconcevable. J'imagine que lui aussi a été utilisé pour servir les desseins de Lindsay. Cette femme m'a tout l'air d'être une manipulatrice de génie.

— Qu'est-ce que « ce n'est pas une bonne nouvelle » signifie ? demande Chris.

— On suppose que si son premier plan a échoué, Lindsay se prépare désormais un alibi tout en essayant de rafler une belle liasse de dollars au passage. Le problème, c'est qu'elle risque de s'en prendre à Ellie… Tant que nous n'avons pas retrouvé sa trace, il faudrait donc que vous fassiez profil bas.

— Que je me cache ? Ou que je retourne à Los Angeles ?

— Non, surtout pas à L.A. Cela pourrait faire capoter toute l'enquête du FBI.

Ce petit séjour tranquille prend de plus en plus des allures de film à gros budget. Malheureusement, à part ne pas me montrer, je n'ai pas spécialement de rôle à jouer. Même si… il y a bien quelqu'un que John n'a pas mentionné.

— Et Veronica, vous l'avez interrogée ? je demande.

John arque des sourcils interrogateurs.

— Pardon, mais qui est Veronica ?

Je parcours leurs visages : personne ne semble la connaître.

— C'est elle qui est venue me chercher à l'aéroport ! Priotto, mon agent, me l'a décrite comme son homologue aux États-Unis, et j'ai cru comprendre qu'elle était une proche de Lindsay.

— Vous connaissez son nom de famille ?

— Oui, c'est Doe. Ça m'a fait rire, parce que Veronica Doe, en français, ça fait « cadeau ».

Le garde du corps pianote frénétiquement sur son téléphone et me répond sans me regarder :

— J'envoie cette information, Ellie. Merci. On ne sait jamais, le moindre détail peut changer la donne.

— Qu'est-ce qu'on fait nous, on reste ici ? interroge Chris.

— Quelle devait être la suite du voyage ?

— On devait passer par Santa Clarita avant de nous rendre au village de Noël de Skyforest.

— Mauvaise idée. Si on vous voit ensemble, Ellie et toi, les gens vont croire que tu es avec Lindsay. Je vous conseillerais d'aller dans ton loft à Auburn.

Chris opine.

— En revanche, reprend John, Ellie pourrait potentiellement nous aider, une fois qu'on aura démêlé un peu les fils. On doit peaufiner le plan avec l'agent Torres, mais habillée comme Lindsay, elle pourrait nous servir d'appât…

— C'est hors de question ! s'exclame Chris au moment même où j'affirme à John qu'il peut compter sur moi.

Le garde du corps me gratifie d'un sourire reconnaissant, puis reporte son attention sur Chris :

— On en reparlera quand j'aurai plus d'informations. Pour le moment, on va se reposer et on se contacte dès que vous êtes à Auburn.

— Et on évite de se faire du mouron, les enfants, déclare Thelma. Étant donné ce que j'ai vu dans mes cartes, tout va bien se passer. *Alea jacta est,* comme ils disent à Athènes.

— À Rome, corrige John.

— Tu veux un rhum ? suggère Thelma avec un sourire malicieux.

— Non, je veux juste rendre à César ce qui appartient à César.

— Tu préfères un verre de vin, du coup ?

Ils échangent un regard complice et éclatent de rire.

Quant à moi, je n'ai pas besoin de boisson alcoolisée pour me sentir totalement confuse.

15

Chantons sous la pluie

— Comment tu te sens ? me demande Chris, une fois sa grand-mère retournée dans le camping-car et le garde du corps parti.

Je resserre les pans de ma veste sur moi, la fraîcheur s'étant invitée à cette fin de soirée, et incline la tête :

— Ce n'est évidemment pas ainsi que j'avais envisagé ce séjour. Mais en restant à la villa, j'aurais fourni une couverture et un alibi à une criminelle. Je préfère que Priotto me bannisse de son réseau plutôt que d'avoir trempé, même à mon insu, dans une affaire de drogue.

Je laisse mon regard se perdre dans l'immensité du ciel, avant de reprendre :

— Et puis, pour être honnête, ici, je suis obligée de lâcher prise. Ce que je vis en ce moment avec vous, crois-moi, aucun rôle n'aurait pu me l'offrir.

— J'aime bien ta façon de voir les choses, affirme Chris en me lançant un regard qui me gonfle le cœur.

— C'est le concept du verre à moitié plein.

— C'est un concept que j'apprécie.

— Sauf que chez moi, il est associé à une naïveté féroce, je grimace. Je lutte de toutes mes forces contre, mais tu sais ce qu'on dit : chassez le naturel, il revient au galop. J'ai dû être cheval de course dans une vie antérieure. Je ne vois pas d'autre explication.

— J'aime bien aussi ton côté naïf, murmure-t-il.

Je n'ai nul besoin d'un brasero pour réchauffer mes joues.

Pendant quelques secondes, nous nous taisons, chacun pris dans ses pensées. Et puis, je sens que Chris m'observe et nos regards se croisent.

— Je sais que tu te poses des questions sur moi, lâche-t-il doucement. Sur mes coups de fil, sur ma façon de parler de Lindsay… Avoue que tu as songé que je pouvais être mêlé à sa disparition.

Je ris pour cacher mon embarras.

— Tu commences à connaître mon imagination, alors oui, ça m'a traversé l'esprit. Pourquoi détestes-tu autant ta belle-mère ? Je veux dire, avant que tu t'aperçoives qu'elle était amie avec un gang de *bikers* !

Chris grimace de dégoût et lâche un long soupir.

— Rien que le mot « belle-mère » est… Lindsay n'a que trois ans de plus que moi. Je l'ai rencontrée sur un tournage de pub. On a commencé à traîner ensemble et à s'apprécier. Enfin ça, c'est ce que je croyais.

Je couine de stupéfaction.

— Avec ta belle-mère ?

— En réalité, à l'époque, c'était ma copine.

Un juron de surprise m'échappe. On est carrément dans un épisode de *telenovela*, là, non ?

— Je venais de perdre ma mère, et j'étais un peu paumé, reprend-il, une lueur de tristesse dans les yeux. Le métier d'acteur ne m'intéressait plus, je ne savais pas trop quoi faire de ma vie. À cause des tournages, j'avais été privé de mon adolescence, et j'admirais l'insouciance de Lindsay. On faisait la fête, on s'enivrait, et j'avais l'impression d'être vivant. On était ensemble sans l'être tout à fait... Je l'ai amenée à la maison, et sans que je ne voie rien venir, elle a séduit mon père. J'ai rapidement compris, malgré ses déclarations, qu'elle m'avait utilisé pour approcher le producteur qui avait fait décoller la carrière de ma mère.

Je déglutis. Le portrait qu'il me brosse de cette femme est encore pire que ce que j'avais commencé à entrevoir.

— Ton père savait que vous aviez été ensemble ?

— Non. Et je n'ai rien dit. Malgré tout, sa rencontre avec Lindsay lui a offert, pendant un temps, la légèreté qu'il avait perdue au décès de ma mère... Je ne me voyais pas lui enlever ça. Pour moi, ce coup dur a été une sorte de déclic salvateur. J'ai acheté un loft à Auburn pour m'éloigner et j'ai commencé à y travailler, ne revenant que pour voir Cassie. Et puis lors d'une de mes visites, pendant que mon père était absent, Lindsay m'a sorti un plan drague pour tenter de me reconquérir, du moins pour la nuit.

De mieux en mieux, la Lindsay ! Cela me donne presque honte de lui ressembler, même vaguement.

— Oh la garce ! Tu… as accepté ?

— Bien sûr que non ! Je lui ai demandé de tout avouer à mon père en menaçant de le faire moi-même si elle ne disait rien.

— Et elle t'a écouté ?

— Tu parles, lâche-t-il d'un ton amer. Elle était persuadée que je n'oserais pas aborder le sujet. Et elle avait raison. Mon père et moi, on n'est pas très fusionnels et elle le sait. Du coup, c'est devenu tendu, à la maison. Je l'avais repoussée, et Lindsay n'apprécie pas qu'on l'ignore. Elle a une très haute opinion d'elle-même. Dès lors, elle a tout fait pour que je quitte la villa. Mais ça ne lui a pas suffi.

— Comment ça ?

— Dès que je suis à Hollywood, elle donne de fausses infos sur moi aux journalistes, histoire de me décrédibiliser. Elle leur indique où me trouver. Elle n'est jamais à un sale coup près, comme avec Dumbo qu'elle prénomme Christian.

— Elle est pathétique !

— Et une reine de la manipulation. Sauf qu'apparemment, mon père a enfin ouvert les yeux. Il lui a même parlé de divorcer. Cela doit être pour assurer ses arrières qu'elle s'est lancée dans cette sordide histoire de drogue, à laquelle elle était déjà accro avant de commencer à en vendre. Il n'y a que l'argent et sa petite personne qui l'intéressent.

Une lourde bouffée de haine m'envahit, combinée à une profonde empathie pour Chris et sa famille. Comment peut-on être aussi cruel ? Comment peut-on profiter de la détresse des autres pour obtenir ce que l'on veut ? Je préfère ne jamais être citée au générique d'aucun film que de faire subir à qui que ce soit le quart de ce qu'elle leur a fait.

— Je suis désolée pour toi, Chris, dis-je en posant ma main sur son avant-bras.

Il secoue la tête, comme pour laisser derrière lui ces mauvais souvenirs.

— Finalement, tout ça a été un mal pour un bien. Cela m'a permis d'apprendre à mieux me protéger, à ne pas donner ma confiance aussi facilement.

— Tout le monde n'est pas comme elle…

— Dans le monde du cinéma, si, souvent. Pour les actrices débutantes, je suis Chris Orsini, l'ancien acteur qui a eu du succès en son temps, et dont le père producteur pourra peut-être les aider à accéder à leurs rêves de gloire. C'est aussi pour ça que rester dans l'ombre me plaît. Mon métier actuel est aux antipodes du cinéma, et ça me convient parfaitement. Loin de cette sphère, j'aurai plus de chances de rencontrer…

Il se tait, l'air surpris de s'épancher autant.

— De rencontrer qui ?

— Un amour sincère. Celui qui te donne les mains moites, qui te fait battre le cœur. Celui qui te donne envie de devenir plus fort, de te transformer pour l'autre. Celui qui unissait mon père et ma mère au début, par exemple…

C'est tellement beau que j'en ai les poils des avant-bras qui se dressent. Je n'ai jamais été amoureuse, mais j'imagine que ça doit être des sensations incroyables. Chris lève son regard gris-bleu ourlé de grands cils sur moi.

Je ne m'étais pas rendu compte que nous étions si proches l'un de l'autre. Mon cœur tambourine dans ma poitrine. Ses yeux s'ancrent aux miens. Sa respiration balaie doucement les mèches de cheveux qui tombent sur mes joues. Nous restons silencieux, et l'espace d'un instant, je le vois effleurer mes lèvres du regard. J'ai l'intime conviction qu'il va m'embrasser et autant me l'avouer, j'en meurs d'envie. Des picotements agitent mes avant-bras. Tout mon être lui crie de foncer.

Sans nous en apercevoir, nous nous penchons l'un vers l'autre. Toutes les conditions sont réunies. Je ferme les yeux, sens le souffle de Chris contre ma bouche… et une pluie torrentielle et glacée s'abat sur nous.

Nous sursautons et nous nous cognons front contre menton, et je finis les fesses dans l'herbe. Je hurle avant d'éclater de rire. L'arrosage automatique s'est déclenché, ruinant le romantisme de l'instant. Trempés, nous courons comme des dératés.

Le temps que nous reprenions nos esprits et forme humaine, la magie s'est évaporée. À moins que j'aie fantasmé cette scène, Chris a failli m'embrasser et j'aurais été d'accord, mais ça aurait été une erreur. Après quelques bégaiements ridicules, nous nous saluons gauchement et filons nous coucher, l'un en face de l'autre dans nos lits. Si proches, et si loin à la fois.

16

Jeux d'enfants

« Auburn, pas une pause, une destination ». Le slogan de cette ville de treize mille âmes s'étale sur une immense affiche. En l'occurrence, Chris y possède un appartement dans la vieille ville, tout près de son mystérieux lieu de travail. S'il l'a rapidement décrit comme un pied-à-terre, en découvrant le lieu, je ne peux m'empêcher de me dire que certaines définitions ne sont pas les mêmes pour tout le monde.

Son immense loft hyper moderne est un ancien entrepôt qui, d'après ses explications, a servi, au milieu du XIXe siècle, à trier et conserver les divers objets repêchés dans l'American River. Il ne reste rien à présent de l'historique ruée vers l'or, pourtant le bâtiment semble encore chargé d'histoire. On s'y sent immédiatement comme dans un cocon.

Après avoir installé « le lutin de l'étagère » sur le canapé, Cassie se précipite pour sortir un carton rempli de décorations de Noël. Sa grand-mère et elle ont visiblement l'habitude de séjourner ici. Cette cohésion familiale me met la larme à l'œil. Dans ma famille, même si on vit les uns avec, voire sur, les autres, on prend rarement le temps de se retrouver vraiment. On a constamment plus urgent à faire, une réparation à effectuer, de l'argent à gagner ou tout au moins à ne pas perdre, des animaux à gérer. Et on laisse la vie filer. Ma gorge se noue. J'ai toujours privilégié mes objectifs de gloire, mais à ce moment précis, je ressens une envie furieuse de serrer ma maman dans mes bras et de m'installer dans le salon pour écouter mes proches tourner en boucle sur l'organisation du Noël de Petit-Bois. Je me demande quelle solution ils ont trouvée pour remplacer la grange, et de quelle manière ils surmontent les obstacles. Même mon frère Mickaël, qui a toujours douze ans dans sa tête et qui continue à me voler quotidiennement mon nez, me manque. Et je ne peux même pas les appeler. Heureusement que je n'ai pas le temps de trop cogiter, sinon, je me mettrais à pleurer.

— Chris, on peut aller chercher un sapin ? réclame Cassie, me ramenant à l'instant présent.

— Je dois passer au bureau, justement. Je rapporterai un sapin et de quoi dîner, ça te va ?

— OK, répond-elle en enfilant le foulard de voyante acheté à Sacramento et en sortant sa boule de Noël. Je vais lire l'avenir de Dumbo, en attendant. Il aime bien quand je lui prédis des os de tyrannosaure et des gamelles en or.

Chris me jette un regard qui me dresse les poils des avant-bras et me fait regretter de ne pas pouvoir l'accompagner. Les consignes de John me trottent encore en tête : je ne dois pas être vue, encore moins avec Thelma, Cassie ou Chris, pour que personne ne s'imagine que Lindsay est avec eux. J'attends donc son retour avec impatience.

Pourtant, quand il passe le seuil de la porte, quatre longues heures plus tard, il traîne bien un petit sapin avec lui, mais surtout un air exténué et renfrogné. Je ne sais pas ce qui s'est passé, mais notre complicité de la veille s'est totalement évaporée. Est-ce que j'ai dit, ou fait quelque chose de mal ? A-t-il de nouveau des doutes sur mon implication dans la disparition de Lindsay ? Peut-être que ce moment loin de moi lui a permis de réfléchir à notre dérapage contrôlé par l'arrosage automatique, et qu'il s'en veut. Il semble ailleurs, absorbé par des pensées dont nous sommes exclues. De fait, le dîner se déroule dans une ambiance maussade, et malgré les pitreries de sa sœur, il garde son attention rivée sur son maudit téléphone. J'en suis à me réciter l'alphabet à l'envers pour tuer le temps avant de me réfugier sous la couette, lorsque Thelma tape du poing sur la table.

— Bon, ça suffit, ordonne-t-elle. Je ne voudrais même pas de ces têtes-là lors de mes funérailles. Chris, pose ce téléphone. Si on faisait un jeu ?

Cassandra applaudit et se lève pour effectuer une roue branlante, en mode « *cheerleader* à peu près ».

— On joue à quoi ?

— Je n'ai aucun jeu de société ici, souligne Chris, grincheux.

— Alors faisons un « Action ou Vérité », s'enthousiasme Thelma, comme si elle avait quinze ans et un amoureux à embrasser.

Ce jeu me mettait déjà mal à l'aise quand j'étais adolescente, alors ce soir… Je m'apprête à feindre une grosse fatigue, lorsque Cassie crie :

— Je commence. Ellie, action ou vérité ?

— Action, je marmonne en me promettant de m'éclipser au plus vite.

— OK ! Montre-nous comment tu fais la roue !

Chris et Thelma échangent un sourire narquois. Devant leurs yeux ébahis, je leur offre une démonstration de mes talents.

— Waouh ! T'es trop forte ! me félicite Cassandra, le regard béat d'admiration.

— Des années d'entraînement, dis-je, modeste. On m'appelait le paon, à l'époque. C'est comme le vélo, ça ne s'oublie pas !

— Ne vous avisez pas de me demander la même chose, plaisante Thelma, je risquerais de me dévisser une hanche ou une rotule !

On rit de bon cœur, et même Chris semble s'être extirpé de la réserve distante dans laquelle il s'était enfermé.

— Tu as réussi, dit Cassandra. C'est à ton tour, alors. Et tu dois jouer avec Chris !

— OK. Chris, action ou vérité ?

— Vérité, répond-il sans hésiter.

— Dois-je en conclure que tu ne sais pas faire la roue ?

— C'est ça, ma question ?

— Oh, non, tu ne t'en sortiras pas comme ça ! Attends, je réfléchis…

— Moi, moi, moi, j'en ai une, hurle Cassandra en levant l'index, je peux ?

J'acquiesce.

— Pourquoi est-ce que tu n'as pas d'amoureuse ? demande la petite fille.

Trois paires d'yeux se braquent sur lui.

— Ce n'est pas à toi de m'interroger, s'offusque Chris.

— Si tu peux pas répondre, t'as dix-huit gages, invente la gamine.

— Et moi, j'aimerais bien connaître la réponse, ajoute Thelma.

— OK, OK, soupire-t-il. Je n'ai pas d'amoureuse parce que je n'ai pas trouvé celle qui fera battre mon cœur et qui aura le courage de vous supporter, dit-il en désignant sa grand-mère et sa sœur.

— Vaut mieux entendre ça que d'être mort ! râle Thelma en faisant les gros yeux.

— C'est faux ! s'insurge Cassandra. Par exemple, Ellie est avec nous depuis déjà quatre dodos et elle ne s'est pas enfuie !

Pour être sûre que l'on comprend bien, elle agite quatre doigts redressés et un pouce rentré sous le nez de Chris, qui me jette un coup d'œil en rougissant. Chris qui pique un fard, c'est une grande première ! Mon estomac se contracte.

— Ellie, c'est pas pareil, rétorque-t-il. C'était ça ou elle faisait de l'auto-stop en peignoir !

Douche froide pour mes intestins.

— Quand même, insiste la petite fille. Vous vous entendez bien, tous les deux, non ? Vous vous disputez un peu comme des amoureux…

— Allez, c'est à mon tour, interrompt Chris, qui semble pressé de changer de sujet. Granny, action ou vérité ?

— Action, naturellement, fanfaronne-t-elle.

Les gages se succèdent dans la bonne humeur, nous forçant à chanter, à sautiller, à imiter des animaux ou à caresser Dumbo qui participe à la fête en se roulant par terre de bonheur. À 23 heures, Thelma va border une Cassandra à moitié endormie, et nous souhaite une bonne nuit en insistant sur le « bonne ».

Chris et moi nous retrouvons tous les deux. J'ai envie de fuir et de rester. J'ai envie qu'il parle et qu'il se taise. J'ai envie…

— Action ou vérité ? me lance-t-il alors.

— On n'a pas fini de jouer ? je proteste, surprise.

— Je crois qu'on peut attaquer les questions sérieuses. Je suis sûre que tu en as plein. Moi oui, en tout cas.

Il a raison. L'occasion est trop belle.

— Action, alors.

— Petite joueuse ! Ton gage sera donc de nous servir un verre de limoncello, dit-il en désignant la bouteille que Thelma a sortie pour accompagner la tarte à la citrouille.

— Le but est de m'enivrer pour m'amener à faire des révélations ?

— Ou à te saouler pour la prochaine fois que tu diras « Action », qui sait ? souffle-t-il en me fixant.

J'hallucine. Après m'avoir ignorée, il flirte de nouveau avec moi. Je nous sers un verre et trempe les lèvres dans le mien, avant de l'abandonner sur la table. Il vaut mieux que je me montre raisonnable.

— À ton tour ! Action ou vérité ?

— Vérité.

Je tiens là l'occasion en or d'obtenir les réponses sur son travail mystérieux. Pourtant, je ne suis plus si sûre de vouloir savoir. Pas pour le moment, du moins. Et puis, la seule réponse que je veux connaître, c'est :

— Qu'est-ce que tu penses vraiment de moi ?

Chris m'offre un sourire mi-amusé, mi-angoissé.

— Eh bien, tu déclenches directement les hostilités, toi !

— Le terme « hostilité » est-il d'ores et déjà un indice ? Parce que si c'est ça, oublie ma question !

— Non, il ne l'est pas. Et puisque je n'ai pas le droit de tricher, voilà la vérité. Tu m'as d'abord intrigué, puis agacé, puis franchement énervé. Tu es… enfin je te trouve, exaspérante, horripilante, sans filtre, gaffeuse, maladroite, impertinente… Tu veux systématiquement avoir le dernier mot, tu mens, ton imagination prend invariablement le pas sur ta raison et tu t'inventes n'importe quoi…

— Me voilà rhabillée pour l'hiver !

— Et en même temps, poursuit-il, tu as cette lueur au fond des yeux qui donne envie de te découvrir. Cette fragilité que tu t'efforces de cacher. Cette force et cette positivité que tu dégages. Ton empathie, ta gentillesse, ta douceur, ta manière de t'occuper des autres sans te mettre en avant. Je ne sais pas ce qui m'a attiré chez toi en premier, mais depuis notre rencontre devant la maison, je regrette que ce soit le chien et pas moi qui t'ait arraché cette foutue serviette.

— Oh.

— Granny a raison, avoue-t-il. Tu m'as tapé dans l'œil, mais cela va bien au-delà de ton physique. Tes envolées lyriques, ton côté rebelle au cœur tendre, ta grandiloquence feinte… C'est cette personnalité extraordinaire qui m'incite tantôt à me rapprocher de toi, tantôt à te fuir autant que je peux.

— Oh.

Je viens sans conteste d'hériter du sens de la repartie d'une poule au pot en fin de cuisson. Je cache mon visage dans mes mains. On pourrait faire chauffer un œuf sur chacune de mes pommettes tellement elles sont brûlantes.

— « Oh » ? me singe-t-il en mimant les guillemets. Juste « Oh » ? Et deux fois de suite ? C'est tout ce que tu trouves à répondre ? Je t'ai connue plus loquace, Ellie Lobster. Je crois que j'ai joué le jeu. À ton tour. Action ou vérité ?

— Action ? je balbutie en observant sa réaction.

Un air taquin illumine son visage et il ancre son regard dans le mien.

— Je te donne le choix, alors. Embrasse-moi, si tu le veux, ou souhaite-moi bonne nuit avant que ce soit moi qui t'embrasse. Aucun arrosage automatique ne nous interrompra, ce soir.

Il ponctue sa déclaration par un sourire timide qui me provoque des palpitations. Son parfum citronné me chatouille les narines et me chavire le cœur. En quelques dixièmes de secondes, je franchis la distance qui nous sépare et pose une main sur sa joue. Il me fixe, puis fond sur mes lèvres dans un baiser enflammé, doux et exalté à la fois.

Un artifice d'émotions explose dans tout mon être tandis que notre étreinte s'intensifie. Libératrice. Chris caresse mes cheveux, puis m'attrape par la taille et me bascule sur ses genoux. C'est l'anarchie dans mon cœur. Nous nous embrassons comme si cette première fois devait être la dernière, comme si nos âmes se reconnaissaient, comme si c'était la seule et unique chose à faire. Comme si c'était une évidence.

17

Fenêtre sur cour

Il ne manque plus qu'un renne au nez rouge et quelques pingouins pour qu'on se croie en Laponie, dans le loft. Thelma et Cassandra doivent s'y affairer depuis l'aube. J'entre le plus discrètement possible pour que personne ne découvre que j'ai passé la nuit avec Chris dans le camping-car, mais j'ai à peine posé un orteil dans le salon que Thelma me tend une tasse de chocolat fumant, assortie d'un clin d'œil de connivence que je refuse d'interpréter. Je ne sais pas non plus si les papillons qui volent dans tout mon corps ont un rapport quelconque avec mon humeur, mais je les aide à finir d'installer les décorations en chantonnant des airs de Noël. Moi, Éléonore Plouc, qui m'égosille sur « White Christmas » ! Ma famille en resterait comme deux ronds de flan.

En fin d'après-midi, après avoir fouillé dans les affaires de Chris et enfilé un gros pull, un bonnet et des lunettes de soleil pour passer inaperçue, j'annonce que je vais aller discrètement acheter de quoi faire des biscuits à la cannelle. J'ai repéré une supérette au coin de la rue, qui doit certainement être déserte. Thelma me tend un billet de vingt dollars que je promets de lui rendre bientôt, et les cris de joie de Cassie m'encouragent.

Sur le chemin, je me regarde dans la vitrine d'un Starbucks. Je me trouve changée, et pas seulement parce que je porte un sweat sur lequel il est mentionné que « Christmas is Life », avec des boules de neige sur les I. Tout me paraît plus joli, plus doux. Est-ce que c'est dans cet état-là que met le vertige de l'amour ? Chris a sûrement raison. À trop me concentrer sur ma carrière, je me suis éloignée de la vraie vie, et de ce qui compte réellement.

Je repars du supermarché avec ma cannelle et quelques marshmallows pour orner nos chocolats chauds, et décide de profiter de ma sortie pour acheter des *pop cakes* colorés.

La main sur la poignée, je découvre alors une scène qui me fait tomber de mon nuage, sans parachute. Je me recule sur le trottoir. À une petite table isolée, au fond du café, Chris porte à ses lèvres un gobelet cartonné. Mon Chris. Celui qui est censé être au boulot, pas assis en face d'une nana qu'il contemple avec admiration.

Je respire un grand coup. Il y a forcément une explication rationnelle. Je tente de bloquer mon imagination qui fait déjà des siennes, et discrètement, je m'approche de la vitre.

Son interlocutrice, une beauté aux longs cheveux blonds, au port de tête altier et au petit nez retroussé, se met à pleurer. Chris se courbe en avant et lui caresse l'avant-bras. Elle sourit malgré les larmes qui roulent sur ses joues.

Je ne vais pas tirer de conclusions hâtives. Est-ce sa petite amie ? Est-il en train de la quitter pour moi ? Bon. Il se pourrait que je sois en train de tirer des conclusions hâtives, tout compte fait.

La jeune femme se lève, tourne sur elle-même avec la grâce d'un cygne sur le lac et s'approche de Chris avant de se nicher dans son cou. Il referme ses bras autour d'elle. Mes yeux s'emplissent de larmes, et je m'enfuis en courant.

Devant la porte du loft, je me compose un visage serein tout en me traitant d'idiote. À quoi m'attendais-je, au juste ? À ce que cette nuit soit le début d'une comédie romantique ? À un remake de Cendrillon avec le camping-car qui se métamorphose en carrosse aux douze coups de minuit sous des flocons de neige en forme de cœurs ? On parle de Chris Orsini, l'ancien comédien, celui qui doit avoir des fans dans le monde entier. Un beau gosse qui le sait et qui en joue sûrement dès qu'il peut.

Je suis mortifiée, en colère. Ce mec est un vomi de blatte, un ramassis de fumier, un blaireau en putréfaction. Je dois me calmer, et conserver au moins ma dignité. Je vais jouer l'indifférence, il ne va pas être déçu du voyage.

Dans le salon, Cassandra colorie un dessin, la langue coincée entre les lèvres pour mieux se concentrer, tandis que Thelma, comme à son habitude, tire les cartes. Vu sa mine ravie, les affinités astrales ont sûrement fait apparaître une intersection elliptique suffisante pour que Mercure s'invite en rétrograde autour de Pluton. Ça me fait une belle jambe.

— Enfin ! s'écrie Thelma, l'air soulagé en me voyant entrer.

— Je file en cuisine.

Me cacher, laisser doucement retomber la pression, me forger une carapace.

Je me mets aux fourneaux et enchaîne les actions de façon mécanique sans voir l'heure tourner. Je referme la porte du four lorsque j'entends Cassandra crier de joie.

— Chris ! Ça a été au travail ?

— Super, ma princesse.

— Alors on va aller au village du père Noël ?

— Pas tout de suite, Cassie, les plans ont un peu changé…

Je m'essuie les mains sur un torchon que je garde pour serrer autre chose que le cou de ce malotru et pénètre dans le salon.

— Vous pouvez y aller, je souffle en haussant les épaules. Après tout, John a dit qu'il allait nous appeler et qu'il aurait besoin de moi, et j'aimerais que tu le préviennes que je suis prête à le suivre.

Chris a un mouvement de recul.

— Quoi ?

— Ce n'est pas juste pour Cassie de bouleverser le programme initial, je déclare avec calme. Je serai plus utile avec John. Et puis j'aurai l'impression de mériter mon salaire, ainsi.

— Qui doit mériter son salaire ? s'enquiert Thelma.

— C'est Ellie qui raconte n'importe quoi, s'agace Chris en me sondant du regard. On va en discuter calmement…

— Dumbo veut voir les dessins animés, on peut ? interroge Cassie, qui a bien compris que les adultes ne lui refusent rien lorsqu'ils commencent à hausser le ton.

Chris accepte, la mine décontenancée, et tente de me questionner d'un regard que je m'applique à fuir. Il me frôle la main, je la dégage comme s'il m'avait brûlée.

— Ellie, s'il te plaît, peut-on se retrouver un instant dehors, tous les deux ?

— Non.

Ses doigts s'aventurent dans l'épaisseur de sa crinière. Le regard de Thelma dérive de lui à moi.

Cassandra nous rejoint en sautillant, les yeux brillants d'excitation.

— Ellie ? Je savais pas que toi aussi, tu faisais de la télé ! T'as une drôle de couleur de cheveux, viens voir !

— S'il te plaît, Cass', on a une conversation de grands… gronde Chris.

— Oui, mais Ellie passe aux infos. Ils disent que c'est une criminelle. Y a même un numéro à appeler si on la croise dans la rue. C'est quoi, une criminelle ? Une actrice de film policier ?

OH. MON. DIEU.

Thelma, Chris et moi nous précipitons vers l'écran, qui diffuse en boucle mon image accompagnée d'un encadré de Lindsay Hamilton. Un bandeau en bas de l'écran indique aux témoins le numéro à contacter.

Les jambes en coton, je me laisse glisser sur le canapé. Où ont-ils trouvé cette photo de moi ? Je suis hideuse !

— Éteignez ça ! beugle Chris au moment même où je hurle de monter le son.

Dumbo aboie avec vigueur, histoire de ne pas être en reste, et Thelma augmente le volume. Je me retiens de tirer la langue à Chris qui va devenir chauve s'il continue à malmener ses cheveux.

Ma tête s'affiche sur l'écran et un journaliste, micro en main, communique à mon sujet.

Ellie Lobster est française. D'après nos sources, elle a atterri sur le sol américain le 17 décembre. Elle se serait introduite dans la maison du célèbre producteur Edward Hamilton en se faisant passer pour une fille au pair venue garder sa plus jeune fille, issue de son mariage avec Cathy Hamilton, décédée alors que la petite Cassidy était encore bébé.

— C'est archifaux ! je vocifère.

— En plus je m'appelle Cassandra, pas Cassidy, souligne Cassie.

— Et je devais m'occuper de Dumbo.

— On n'est pas en train de jouer au jeu des sept erreurs, réussit à plaisanter Thelma.

— Non, mais... nous objectons d'une même voix.

— Chut ! m'ordonne Chris en m'envoyant un coup de coude dans les côtes.

Il ne perd rien pour attendre, celui-là.

Notre reporter spécial en France a essayé de cerner les motivations de la jeune femme, qui rêve depuis toujours d'être actrice. Voulait-elle approcher le producteur ? L'enlèvement a-t-il été orchestré indépendamment du métier d'Edward Hamilton ? Notre enquête nous a menés vers son village natal, un bourg de quinze maisons dans une campagne profonde où règne une désolation extrême. Son fiancé, Gilles Billaud, n'a pas mâché ses mots concernant la femme inculpée d'enlèvement, nous la dévoilant sous son jour le plus sombre.

Gilles apparaît à l'image, devant les ruines de la grange. On le voit ruminer et s'agiter dans tous les sens sans l'entendre. Ils lui ont coupé le sifflet. À la place, une voix off offre une traduction que j'estime approximative.

On devait se marier, jusqu'au soir où, après avoir bu plus que de raison, elle a mis le feu à la maison de mes parents et s'est enfuie sans laisser d'adresse.

Le choc me coupe la respiration. En moins de deux minutes, je suis passée pour une folle à lier alcoolique et dangereuse devant toute l'Amérique. Je suis refaite.

— Ellie, on sait que tout est faux, affirme Thelma. Je me souviens d'un article assurant que j'étais montée nue sur une scène de festival rock, alors que j'avais gardé mes sous-vêtements, par exemple.

Je n'écoute plus. À l'écran, mes parents repoussent les caméras et mamie Jacqueline lève sa canne pour frapper la journaliste.

— C'est ta grand-mère ? Elle me plaît bien, dit Thelma.

Enfin, Marie-Lou apparaît à l'image.

Ma sœur n'est pas coupable, s'indigne-t-elle. *Pas de manière intentionnelle, en tout cas. Ellie, si tu me vois, appelle-nous, on est fous d'inquiétude.*

Les larmes se mettent à rouler sur mes joues tandis que le journaliste achève son reportage.

Edward Hamilton, terrassé par la douleur, n'a pas souhaité s'exprimer à l'antenne. Ellie Lobster, dont les papiers d'identité sont au nom d'Éléonore Plouc, est probablement dangereuse. Si vous la croisez, ne tentez rien par vous-même et prévenez immédiatement la police au numéro qui figure en bas de vos écrans.

Chris éteint la télé d'un coup de pouce rageur. Quant à moi, je reste prostrée. Cette fois, je me suis vraiment mise dans de beaux draps.

Cassie vient s'asseoir sur mes genoux.

— Chris dit qu'on ne doit pas croire les bêtises des journalistes, assure-t-elle en se blottissant contre moi. Et nous, on sait que t'es pas dangereuse. En plus, on l'aurait remarqué si t'avais emmené Lindsay avec nous, parce qu'elle râle tout le temps.

Je souris à travers mes larmes.

— En tout cas, il est clair désormais que tu ne vas aller nulle part, signale Chris, pragmatique.

— Eh bien moi, tout ça m'a donné faim, clame Thelma. On les goûte, ces petits gâteaux à la cannelle ?

Nom d'un mouton lissé. Les gâteaux. Eux aussi, je les ai fait cramer.

18

In the mood for love

— Bon, marmonne Chris en me rejoignant sous la pergola où j'ai trouvé refuge pour envoyer quelques messages rassurants à ma sœur depuis le téléphone de Thelma. Tu veux qu'on parle de ce qu'on vient de voir aux infos ?

Je secoue la tête. Je n'ai pas envie de discuter, encore moins avec lui.

— OK, alors, tu pourrais peut-être m'expliquer pourquoi tu as été si fuyante quand je suis rentré ? C'est à cause de la nuit dernière ?

— Non, pas du tout, je mens. C'était juste un bon moment entre adultes consentants, n'est-ce pas ?

Ça me fait un mal de chien, mais je dois au moins sauver les restes de mon ego piétiné. Chris se mordille les lèvres.

— En fait, pour moi…

— On a de toute façon plus urgent à régler. Je suis suspectée d'un enlèvement, et si on me repère avec vous, vous passerez pour mes complices. Est-ce que la peine de mort existe toujours en Californie ?

— Ellie, calme-toi. Je gère.

Je me lève d'un bond.

— Tu gères ? Ma famille me pense en cavale à l'autre bout de la planète, l'Amérique entière me considère comme une criminelle, mon portrait, peu flatteur qui plus est, défile à la télévision, mon avenir est fichu, et tu gères ? De quelle façon ? En faisant pleurer ton officielle pendant que tu couches avec moi ici ?

— Quoi ?

— Je t'ai grillé, au Starbucks.

Chris entortille le pompon du père Noël qui orne son pull.

— Je viens de voir ton fiancé raconter que tu t'étais enfuie après avoir incendié sa maison. Moi aussi, je pourrais supposer des choses, tu ne penses pas ?

— C'est faux ! je m'insurge. Enfin, j'ai mis le feu à la grange, mais de façon non intentionnelle ! En plus, j'ai refusé sa demande en mariage !

— Je te crois. Parce que je sais qu'il ne faut pas se fier aux apparences.

Je baisse la tête, honteuse. Chris me redresse le menton du bout de l'index et plante son regard dans le mien.

— Enfile une veste, je t'emmène faire un tour.

— Tu penses que c'est le moment d'aller conter fleurette sous les étoiles ? Youhou ! Je suis recherchée !

— Il fait nuit noire, et je crois qu'on se doit encore quelques vérités avant de juger si ce qu'on a vécu hier était une erreur, d'accord ?

Je croise les bras contre ma poitrine, boudeuse, puis accepte en hochant la tête. Après tout, je n'ai rien à perdre, à part mes dernières illusions.

Chris roule une dizaine de kilomètres et sort de la ville sans prononcer un mot. Enfin, il stoppe le camping-car sur un parking au milieu de nulle part.

— Si tu m'as amenée ici pour m'avouer que tu es le commanditaire de l'enlèvement de Lindsay et que tu vas maintenant me tuer parce que je suis un témoin gênant, fais-le vite.

— Voilà le pont de Forest Hill, annonce-t-il sans réagir à ma réplique. Il s'élève à sept cent trente pieds au-dessus de l'American River. C'est le plus haut pont de Californie, le quatrième plus haut des États-Unis. La journée, le paysage est magnifique. Des dizaines de randonneurs se pressent pour admirer la faune et la flore, pour sillonner les chemins en contrebas.

Un coup de vent me donne l'impression que l'ossature est sur le point de nous lâcher. Mes doigts agrippent la main de Chris. Nous arrivons presque au milieu du pont et je suis saisie de vertige.

— C'est euh, vraiment haut.

— Regarde ces petites affiches colorées qui sont suspendues ici et là.

Chris en éclaire quelques-unes à l'aide de la lampe de son téléphone. Sur chacune, on trouve une citation ou un message différent.

« Tu n'es pas seul. »

« Choisis le bonheur. »

« Tu mérites d'être heureux. »

« N'abandonne jamais. »

Mon cœur se serre. Ces messages visent apparemment à interpeller ceux qui se rendent ici dans l'objectif de se jeter dans le vide.

— Tu vois le numéro de téléphone, sous chaque phrase ? chuchote Chris.

Je fais signe que oui.

— C'est celui de l'association que j'ai créée, à Auburn. Tous les appels sont dispatchés vers les lignes des employés ou de bénévoles. J'en reçois quelques-uns, surtout pendant les vacances, quand on manque de personnel. Encore plus à Noël, lorsque la solitude donne des idées noires.

— C'est ça, tous ces coups de fil ? Des gens qui s'apprêtent à se suicider ?

— Pas que, je supervise pas mal d'administratif, mais oui. Ces petits mots sont accrochés sur pratiquement tous les ponts de Californie. Mon association centralise tous les appels. On renvoie vers des bénévoles, mais également vers des psychologues, des médecins, des pasteurs parfois. Et puis, pour ceux qui le souhaitent, on offre une prise en charge physique, dans des lieux d'accueil. Il en existe sept en Californie, et on s'étend petit à petit au Nevada, à l'Arizona et à l'Utah.

— Ça fait longtemps que tu as créé cette association ?

— J'ai signé la première convention quelques mois après que ma mère a mis fin à ses jours en sautant de ce pont, il y a six ans. Les premiers temps, il n'y avait que mon numéro, et puis le pasteur de la ville m'a présenté des bénévoles. Ça a grandi, au fur et à mesure.

Je me rappelle que Marie-Lou avait évoqué le potentiel suicide de Cathy Orsini, mais pour nous, la conclusion était la même, à savoir que cette actrice était morte. Pour une famille, cela changeait tout.

Chris poursuit ses explications en scrutant l'horizon.

— Nous avons nié toutes les allégations sur le suicide de ma mère. Je ne voulais pas que les journalistes se ruent comme des charognards sur sa fin tragique pour vendre leurs papiers, et qu'ils reviennent à la charge à chaque date anniversaire. J'avais honte, aussi, mais ça, je l'ai compris plus tard.

— Honte ?

— Pour moi, elle nous avait abandonnés, et j'avais forcément ma part de responsabilité. Ses relations avec mon père s'étaient distendues, et après l'arrivée de Cassandra, plus personne ne lui a proposé de script. Mon père avait créé la série *Happy Family* pour lui offrir un rôle sur mesure. Mais de fait, elle a été cataloguée et n'a jamais vraiment pu tourner dans un film. Or, c'était ça, le but de sa vie. Elle voyait les années passer, tout en devinant qu'elle ne serait jamais l'étoile montante de Hollywood qu'elle avait imaginé devenir. À ce moment-là, les journalistes se sont acharnés sur elle. Des paparazzis avaient élu domicile autour de la propriété, faisant du forcing pour se procurer des clichés de Cassie. Faute d'obtenir ce qu'ils voulaient, ils ont sorti des articles où on l'apercevait avec ses derniers kilos de grossesse, titrant que sa carrière était finie. Je la revois pleurer en lisant et en relisant les mêmes articles. Ce qui lui est passé par la tête, personne ne le sait. Nous avions loué un appartement à Sacramento pour nous éloigner de la presse, mais ça n'a pas suffi. Un matin, je me suis réveillé et elle n'était pas dans sa chambre. Des randonneurs ont découvert son corps. La police, qui a identifié sa voiture, a envoyé des officiers à la maison. C'est moi qui ai ouvert. Je me rappelle avoir supposé qu'ils l'avaient retrouvée et avoir ressenti un tel soulagement... Mais j'ai vite compris que ma vie allait changer à jamais.

Les larmes aux yeux, je pose ma main sur son avant-bras dans un geste de réconfort.

— Je suis terriblement désolée, Chris.

— Ça va. Les années ont passé et grâce à l'association, ce malheur n'a pas été vain. Chaque jour, on sauve des vies. Parfois, les petits mots affichés sur le pont insufflent un peu d'espoir, comme une lumière au bout du tunnel. Ce matin, par exemple, j'ai bu un café avec Eliana, qui a lu un de ces mots il y a quelques mois et que j'ai eue au téléphone avant qu'elle ne commette l'irréparable. Elle a été prise en charge, elle s'est remise de sa dépression, et a suivi une formation pour intégrer l'association en tant que bénévole. On ne s'était jamais vus, encore.

Le sol s'ouvre sous mes pieds. Je reste un instant bouche bée, puis lâche d'une voix hésitante :

— Et moi qui ai imaginé… Je me sens si bête !

— Tu ne pouvais pas savoir, me réconforte Chris avec douceur. À ta place, j'aurais certainement réagi comme toi. J'aurais dû t'expliquer plus tôt, mais… je n'aime pas trop aborder le sujet. J'ai toujours ce sentiment d'être illégitime dans un poste aussi sérieux. Si j'ai réussi à monter tout ça, c'est simplement parce que je disposais de beaucoup d'argent et d'une assez belle gueule pour convaincre des mécènes de me suivre… Sans mon passé de comédien et le compte en banque qui va avec, cette association n'aurait jamais vu le jour.

— Pourtant, tu as créé quelque chose de merveilleux, Chris ! Tu sauves des vies, tu devrais en être extrêmement fier !

— Je le suis, mais je préfère rester dans l'ombre. Je ne veux pas que ce soit divulgué dans la presse comme une lubie d'ancien acteur. J'apprécie d'être un inconnu qui écoute et aide son prochain. En tout cas, tu comprends peut-être mieux désormais mon aversion pour le monde de la télé, et pour les journalistes. Je ne les accuse pas d'avoir causé la mort de ma mère, mais j'estime qu'ils ont leur part de responsabilité.

La chair de poule me gagne. Ce n'est pas le comédien froid et crâneur qui se tient devant moi, c'est un homme qui a vécu un drame et qui s'est reconstruit tout seul. Un garçon qui a su trouver la force de quitter une vie facile pour s'engager sur une piste inexplorée, afin d'aider les autres. Aucun mot ne me paraît suffisant, alors je me contente de me blottir contre lui. Il resserre ses bras autour de moi et caresse délicatement mon dos, faisant naître une boule de tendresse au creux de mon ventre.

19

Une rousse qui porte bonheur

Le lendemain matin, après une nuit absolument divine à discuter jusqu'au petit matin dans le camping-car, tels deux adolescents qui apprennent à se découvrir, je retrouve Chris dans le salon en plein conciliabule avec John et Thelma. Cette dernière s'interrompt en me voyant.

— Ellie, tu veux un café ?

— Oui, mais ne bougez pas, je vais me le préparer.

— Je t'accompagne, annonce Chris en se levant promptement.

Nous n'avons pas fait trois pas vers la cuisine qu'on entend Thelma ricaner comme une enfant à qui on vient d'apprendre comment on fait les bébés.

— Tu lui as dit quelque chose ?

— Rien du tout, s'esclaffe Chris, elle était déjà debout quand je me suis levé. D'après elle, notre histoire était écrite dans ses cartes et elle te l'avait même annoncée !

— Tu parles ! Elle m'a tiré les cartes juste avant que tu sois à deux doigts de m'abandonner en peignoir et en tongs sur le bord de la route !

— C'est toi qui es partie. Moi, je suis venu te récupérer !

Il me regarde avec une sorte de tendresse. Est-ce qu'on est en train de devenir cucul la praline ? Je crois que oui, et j'adore ça !

— Ça ne te dérange pas que ta grand-mère soit au courant ?

— Non, pas si ça te convient aussi.

— Bah… La situation est étrange, mais…

D'un geste vif, il dépose un chaste baiser sur le bout de mon nez.

Je me sens fondre comme la banquise en plein réchauffement climatique.

— Pour moi aussi, c'est bizarre, mais j'aime beaucoup. Je n'avais qu'une envie, rester sous les draps avec toi ce matin. Je suis frustré…

— On vous attend, les enfants… et accessoirement, on vous entend ! claironne Thelma.

Nous laissons notre fou rire s'éteindre avant de retourner dans le salon, où j'avise trois gros sacs de chez Evangeline's, le magasin de déguisements de Sacramento.

— On organise un Noël costumé pour cinquante personnes ?

— Si seulement, sourit John. En réalité, j'ai fait quelques achats parce que ça y est, nous allons avoir besoin de toi, enfin de toi en Lindsay. Les pulls de Noël sont donc exclus.

— Dommage, je commençais à m'habituer à être fringuée comme un lutin du père Noël ! Alors, quelles sont les nouvelles ?

— Comme nous l'avions envisagé, explique le garde du corps, Lindsay n'a pas hésité longtemps avant de te faire porter le chapeau. C'est une belle avancée.

Je manque de recracher mon café.

— Euh… Vous voulez dire que c'est bien d'avoir collé ma tête sur tous les écrans de télé d'Amérique ? Que c'est une bonne nouvelle qu'un reporter ait interrogé ma famille ?

— À part pour l'histoire de la grange qui a brûlé, ce qui ne te rend pas extrêmement sympathique auprès des Américains, oui, plutôt. Cela signifie que Lindsay se sent acculée, et qu'elle va devoir prendre des risques.

— Quel genre de risques ?

— Selon les dernières hypothèses de l'agent Torres, Lindsay aurait déjà échangé la drogue et récupéré une jolie somme sur un compte. Cependant, si elle n'a pas encore quitté le sol américain, c'est sûrement parce qu'elle attendait l'argent de la rançon pour s'évaporer. Il reste donc encore une chance au FBI. Une équipe est dédiée à sa recherche et ratisse tous les aéroports et les hôtels du Nevada pour l'appréhender au plus vite. Si tout se déroule bien, Lindsay sera hors d'état de nuire et nous pourrons nous concentrer sur les Texans, avec ton aide.

— Dumbo, stop ! ordonne Cassie en courant après le chien qui tente de dévorer un bonnet de lutin.

Le sale cabot freine des quatre pattes et finit sa course dans un des sacs d'accessoires.

Cassie récupère son bonnet, triomphante.

— Vous avez vu, il m'écoute maintenant. Moi aussi, je vais devenir prof de chien, comme Ellie.

— Il te manque juste un peu d'entraînement, encore, rit Thelma en attrapant dans le sac une perruque que Dumbo essaie désormais d'avaler.

— C'est une perruque en écureuil écrasé ? demande la fillette, et je vois les sourcils de John se soulever.

Je ressens une sorte de coup au cœur. Un sixième sens, une intuition… Je ne sais pas comment nommer ça, mais il faut que j'aille au bout de mon idée.

— Non, Cassie, mais John n'est pas très observateur. Non seulement j'ai déjà la coupe de Lindsay, mais en plus, elle est brune, alors que ça, c'est une perruque rousse…

— Oh, j'en ai attrapé plusieurs dans le rayon, déclare-t-il en haussant les épaules. Les coupes et les couleurs, ça me dépasse un peu, et Mme Hamilton change de tête tous les quatre matins, alors…

— C'est absolument parfait, dis-je en récupérant la perruque légèrement baveuse, et en l'enfonçant sur mon crâne. Le FBI a-t-il interrogé Veronica ?

— Malheureusement, il y a des centaines de Veronica Doe dans la région de Los Angeles, et ils ne pouvaient pas se permettre de perdre de temps. Ils ont laissé tomber.

— Cette chevelure m'a fait penser à elle. Est-ce que l'une des caméras filme l'entrée de la propriété ?

— Elle filme l'allée, oui, depuis la porte principale.

Je me lève et fouille dans les sacs de déguisements, sous le regard curieux de Chris.

— Et devant le portail ?

— Il y en a une, mais contrairement aux autres, l'image est de très mauvaise qualité. Elle ne filme que les gens qui s'approchent de la sonnette. Pourquoi ?

— Alors, pas la peine de chercher Veronica Doe à Los Angeles. Vous la trouverez certainement dans un hôtel du Nevada, dis-je en me levant et en prenant une pose de mannequin. Je vous présente Ellie Lobster, déguisée en Lindsay Hamilton, elle-même déguisée en Veronica Doe.

— Pardon ?

— Je viens de mettre le doigt sur quelque chose qui me chiffonnait. Veronica a été fort expéditive avec moi. Elle m'a laissée comme une vieille poubelle devant le portail, alors que la moindre des politesses aurait été de m'accompagner jusqu'à la maison. Et ses cheveux roux… En réalité, j'aurais dû m'en rendre compte avant. Mon oncle Maurice porte un postiche depuis des années. C'était une perruque de mauvaise qualité ! Veronica Doe n'est autre que Lindsay Hamilton !

— J'avertis immédiatement le FBI, Ellie, s'exclame John. Si elle n'a pas changé son nom d'emprunt, on pourrait la retrouver plus vite que prévu, ce serait incroyable !

Chris et Thelma me félicitent pendant que le garde du corps passe son coup de fil.

Quand il se rassoit, nous sommes tous à fond, galvanisés par cette petite victoire.

— Et maintenant, concrètement, on fait quoi ? demande Chris.

Le garde du corps se redresse, comme s'il allait nous offrir un exposé.

— On file sur place, avec Dumbo pour plus de crédibilité, et on transforme Ellie en Lindsay

Hamilton et toi, Chris, en doublure de Carpenter. Votre mission consistera à faire croire aux Texans que Lindsay et Steve se retrouvent, à peu près de la manière dont on imagine que ça devrait se passer. Je vais laisser Torres gérer cette partie, un de ses hommes s'est infiltré chez les Blood Brothers, il pourra leur faire croire que l'échange n'a pas encore eu lieu.

— Ce n'est pas dangereux ? s'inquiète Thelma.

— Aucun plan n'est infaillible, argue John. Mais c'est notre seule façon de les confondre. Si vous ne le sentez pas, on peut faire machine arrière à tout moment, mais on perdra du temps et ils risquent de s'en sortir, auquel cas il sera plus difficile d'innocenter Ellie. D'autant plus qu'il faut absolument les faire avouer ou les prendre en flagrant délit.

— Pourquoi ça ? interroge Chris.

— Parce qu'il nous manque également une pièce essentielle du puzzle : le FBI n'a pas réussi à découvrir comment ils faisaient passer la drogue, ni leur combine pour l'écouler en toute discrétion.

— Alors, ne perdons pas une minute !

20

Mission

Une demi-heure plus tard, l'heure des adieux résonne dans le loft. J'ai le sentiment que c'est la dernière fois que je vois Cassie et Thelma. Il est possible que je finisse en prison, ou que je sois renvoyée illico presto dans la ferme de mes parents. Pire, je pourrais me retrouver aux griffes d'un gang de *bikers* et terminer ma trop courte existence dans un bidon rempli d'acide. J'essaie de ne pas pleurer et j'y arrive presque, jusqu'à ce que Cassandra, après avoir caressé Dumbo en lui faisant promettre de rester sage sans elle, me tende sa boule à neige.

— C'est pour que tu penses à moi, me déclare-t-elle, son joli minois empreint de tristesse. Je t'aurais bien donné mon ballon de foot, mais tu l'aimes moins depuis que je te l'ai envoyé dans la tête, je préfère que tu aies un bon souvenir de moi.

Malgré les larmes qui dévalent mes joues, je ris en touchant le reste de bosse sur mon front.

— C'est adorable, Cassie chérie, mais je refuse de te priver de ta boule de voyante… Comment vas-tu lire l'avenir si tu ne l'as plus ?

— Je trouverai autre chose. Peut-être une mare de chocolat chaud, ou les mêmes cartes que Granny… Et puis, tu sais, l'autre jour quand je t'ai dit que Lindsay me l'avait donnée, c'était faux. Je l'ai prise dans le carton pour jouer, et j'ai oublié de la ranger après. Et « qui vole un œuf, vole un bœuf », n'est-ce pas ? Mais moi, qu'est-ce que je ferai d'un bœuf ? Donc, je te l'offre. C'est comme Robin des bois qui pique aux riches pour donner aux pauvres ?

Je me pince les lèvres. Cette gamine est bien trop chou.

— C'est une excellente idée. Par contre, il vaudrait mieux ne plus emprunter les choses qui ne t'appartiennent pas, à l'avenir, ou demander la permission avant, d'accord ?

— Tu ne le diras pas à Chris, promis ?

— Promis. Ce qui est dit est dit, cochon qui s'en dédit.

— Quoi ?

— Rien, une autre expression difficile à expliquer. Je te le jure.

Elle me fait un énorme câlin puis court embrasser son frère, alors que Thelma me prend dans ses bras.

— J'ai lu dans les cartes que tout allait bien se finir, Ellie, OK ? Tu te souviens le premier jour ? Je t'avais prédit de l'aventure, et jusqu'à présent, j'ai vu juste, n'est-ce pas ? Reste telle que tu es et tout ira bien. J'attends de tes nouvelles avec impatience.

Je décide de croire en ses dons de voyance.

Nous montons avec John dans le camping-car, afin de laisser son véhicule à Thelma, et envoyons des baisers par la fenêtre jusqu'à ce qu'on ne discerne plus que de minuscules silhouettes dans nos rétroviseurs. J'ai la gorge nouée, mais aussi une mission à remplir. John ne nous laisse d'ailleurs pas le temps de la nostalgie.

Pendant la première partie du trajet, il pilote Wendy en nous faisant part des diverses options du plan orchestré par le FBI. Si Carpenter et Lindsay ne sont pas arrêtés d'ici là, nous serons venus pour rien. En revanche, si le FBI les intercepte, plusieurs cas de figure se présenteront, et nous devrons être prêts à jouer notre rôle de méchants à la perfection.

Tout va se passer dans un grand hôtel perdu au milieu de nulle part, une dizaine de miles après la vallée de la Mort, à Amargosa Valley. Je répète les différentes possibilités dans ma tête. C'est un peu le rôle de ma vie, sauf que personne ne dira « Coupez », et j'ai un trac monstre.

Et si je foirais tout ? Et si, encore une fois, je me prenais les pieds dans un tapis, ou que je permettais au gang de s'en tirer ? Et si j'étais arrêtée sur la route par la police locale, et qu'ils me collaient en prison avant même que ma mission ne débute ?

Chris, assis à mes côtés à l'avant de Wendy, enserre mon poignet de ses doigts chauds. Un doux frisson me parcourt.

— Ellie, *no stress*. S'il y a le moindre danger, John nous fera battre en retraite, d'accord ?

— Je ne stresse pas du tout !

— OK. Dans ce cas, peux-tu prévenir ton pied pour qu'il cesse de taper la mesure sur le mien ? J'ai un peu mal, à force.

— Mon… pied ? Oh pardon. Il est juste dans le rythme de la musique.

— On n'a pas allumé la radio.

— Exact. Je chante dans ma tête. La, euh… « La marche nuptiale ».

Il éclate de rire et je me sens rougir jusqu'à la racine des cheveux.

— « La marche nuptiale », déjà ?

— Non ! C'est la première chanson qui m'est venue, je… Bon, d'accord, tu as raison, je stresse un peu. C'est normal, n'est-ce pas ? Tu ne veux pas qu'on change de sujet ? Ça va, le boulot ?

Chris rigole à nouveau, et je réalise avec ravissement que c'est moi qui provoque cette joie. Pas celle qui joue à être quelqu'un d'autre… Seulement moi. J'ai soudain l'impression de posséder un superpouvoir.

— Pour tout t'avouer, pas tout à fait, non, déplore-t-il en me ramenant sur terre. Mais je ne vais pas t'embêter avec ça.

— Je t'assure que ça m'aiderait.

Chris glisse ses doigts dans ses boucles folles.

— OK. Je suis en pleine négociation, et ça ne se passe pas très bien. Il nous manque des subventions pour ouvrir le local de San Francisco. Le maire estime que, comme ils ont, je cite, « leurs propres panneaux anti-suicide sur le Golden Gate », ce n'est pas nécessaire de donner de l'argent à une association. Comme s'il n'y avait qu'un pont à San Francisco… Je me démène donc pour trouver de nouveaux mécènes. Et là, je suis à court d'idées.

— Bah écoute, je crois bien qu'un billet de dix dollars traîne dans mon sac à Los Angeles. Je comptais utiliser cette fortune pour rentrer en France, mais si jamais…

— J'ai plutôt besoin de cent mille dollars. Mais dix, c'est un bon début. Et puis ça te forcera peut-être à rester un peu aux États-Unis avec moi…

Sa dernière phrase provoque un nœud dans ma gorge. C'est bien joli de batifoler dans le camping-car, mais Chris vit ici, en Californie. Et moi, je vais repartir dans ma cambrousse, quand tout sera terminé. Je suppose qu'une relation longue distance avec une nana fauchée qui partage une ferme avec toute sa famille à six mille kilomètres n'est pas dans ses plans. J'éloigne cette pensée et me raccroche au concret de notre discussion.

— Pourquoi n'organises-tu pas un événement ?

— Un événement ?

— Oui, un truc public ! Ma sœur Marie-Lou a monté une boîte d'événementiel avec une copine, et vu la concurrence, c'est clairement en vogue. Tu pourrais faire une espèce de gala de charité ? Tu sais, ces dîners où tu paies ton repas une fortune juste pour être aperçu ?

— Je ne peux pas me lancer dans une chose pareille, Ellie. Il faudrait que ce soit organisé par…

— Par quelqu'un de connu. Donc, Christian Hamilton ne peut pas. Chris Orsini, épaulé par son producteur de père, lui, il peut.

— Certainement, mais…

— Il n'y a pas de « mais ». Tu m'as expliqué hier soir que tu avais eu honte, au début, pour ta maman. Mais que de l'eau avait coulé sous les ponts, et… Oh merde ! Excuse-moi, l'expression était très mal choisie… Quelle nouille !

Rouge de confusion, je m'attends à un regard furieux, mais contre toute attente, Chris explose de rire.

— Tu es vraiment un phénomène, Éléonore. Mais tu viens de mettre le doigt sur quelque chose. Tu as raison. Absolument raison.

Il m'attrape par le cou, renifle mes cheveux et m'embrasse le sommet du crâne. Ce geste est simple, c'est celui d'un ami, mais il me procure des sensations inédites, comme si mon cœur débordait de bonheur. Il m'apparaît très clairement que je suis en train de tomber amoureuse de l'acteur préféré de mon adolescence.

21

L'avventura

Nous avons parcouru un peu plus de la moitié du trajet quand, soudain, Wendy montre des signes de faiblesse. Elle broute, ronchonne, crache de la fumée et finit par s'immobiliser sur le bas-côté.

Nous descendons tous les trois du véhicule, Dumbo sur mes talons. Notre chauffeur du jour ouvre le capot et se gratte la tête.

— Bon. On est en panne, analyse-t-il, contrarié.

— Waouh ! C'est pour votre esprit de déduction que vous avez été embauché ?

Il s'esclaffe, bon joueur.

— En tout cas, ce n'est pas pour mes compétences en mécanique, jeune fille.

Chris prend la relève, s'approche de quelques tuyaux, jure en se brûlant de façon superficielle le bout des doigts, et abandonne, l'air courroucé.

— Je suis nul, moi aussi, avoue-t-il en grimaçant. On va appeler un dépanneur.

— Le moteur est trop chaud pour y toucher, de toute façon. On va boire quelque chose en attendant qu'il refroidisse ? Il y a un *diner* en face.

Je désigne l'enseigne aux néons clignotants. Chris cille en avisant le boui-boui et me lance un regard sceptique.

— Il vaut mieux qu'on appelle un dépanneur tout de suite, Ellie. Sinon, on n'arrivera pas à Amargosa avant demain…

— Faites-moi confiance. Allons nous désaltérer. Dans les films, ce genre d'endroit grouille de monde et il y a systématiquement quelqu'un pour porter secours aux pauvres conducteurs en détresse, non ?

— La vie n'est pas un film…

— Ah non, tu ne vas pas t'y mettre, toi aussi. J'ai soif.

Il lève les mains en signe de paix.

— OK chef, on y va ! Tu sais que tu peux être sacrément autoritaire, quand tu t'y mets ?

Nous avançons en nous chamaillant gentiment. À l'extérieur, c'est le Far West qui rencontre les années cinquante. Une vieille baignoire à l'émail attaqué côtoie des vélos rouillés, une Pontiac rose aux pneus dégonflés, une antique pompe à essence et même une cabane où faire ses besoins si on n'a pas peur de choper douze maladies et autant de morpions. J'ai hâte de découvrir l'intérieur.

Le petit *diner* caractéristique des États-Unis que j'espérais est aux antipodes du lieu où nous entrons. Tout semble sale et poussiéreux, à l'image du patron dont les fringues tiennent certainement toutes seules quand il les enlève. Nous commandons un Coca et osons à peine le verser dans les verres qui ont dû être propres à l'ouverture du local, dans les années soixante-dix. Le barman, que j'avais cru bourru, est en réalité simplement bourré. Après m'avoir reluquée de la tête aux pieds, il nous alerte sur le fait que des extraterrestres rôdent dans le désert voisin. Pour nous le prouver, il extirpe de son comptoir collant une conserve dans laquelle il a enfermé, par une nuit de pleine lune, un des habitants de Jupiter. Je me penche sur le bocal rendu presque opaque par une large couche de gras et de poussière, les yeux exorbités, quand John me glisse à l'oreille que le cadavre de la pauvre bestiole lui a tout l'air d'être en vrai plastique. Nous saluons notre hôte et ressortons en riant à gorge déployée.

Au moins, le moteur a eu le temps de refroidir. Je récupère un chiffon, une spatule en bois et une louche, et, la mine inspirée, je tapote un tuyau.

— Tu crois que c'est le moment de cuisiner ? me questionne Chris, hilare, alors que John s'éloigne pour répondre à un appel.

— Va démarrer Wendy, homme de peu de foi, j'ordonne en gonflant mes muscles dans une imitation de Mister Univers.

Il s'installe au volant et tourne la clé. Le moteur crachote, et rugit finalement comme si Wendy sortait du garage.

Chris redescend du véhicule et me dévisage, éberlué.

— Tu m'expliques ou tu préfères continuer à m'épater chaque jour un peu plus, jusqu'à ce que je tombe définitivement fou amoureux de toi ?

Mon cœur fait une embardée dans ma poitrine.

— Je vote pour la seconde option.

Nous nous fixons, les yeux brillants, avant que John rompe le charme du moment.

— Je viens d'avoir Torres en ligne, les enfants. Ils ont coffré Lindsay dans un motel, où elle s'était bien enregistrée sous le nom de Veronica Doe. On a de la veine qu'elle ait si peu d'imagination, non ?

— C'est génial, applaudit Chris. Et ça aussi, c'est grâce à toi, Ellie, ajoute-t-il en m'embrassant.

— C'est surtout un bon travail d'équipe ! Elle a avoué ?

— Malheureusement, non, du moins pas encore. Elle est au poste de police à l'heure actuelle, où elle persiste à jouer les victimes. Selon elle, elle a été enlevée, et ses ravisseurs, qu'elle désigne comme une Française qui lui ressemblerait vaguement et deux motards à l'accent texan, ont pris la fuite. Cependant, Torres a trouvé une mine d'informations dans son téléphone. Quels amateurs, ces jeunes voyous, à s'envoyer des messages sur WhatsApp sans rien effacer ! Remarquez, on ne va pas se plaindre qu'ils nous mâchent le travail.

— Du coup, on fait quoi ?

— On continue ! Maintenant que Lindsay ne pourra plus nous mettre de bâtons dans les roues, ça nous laisse le champ libre et quelques données supplémentaires, sauf pour la drogue. À moins que Lindsay ne passe aux aveux, on ignore où elle se trouve. Et pas de preuve, pas de poursuite… Sauf coup de pouce du destin, on va devoir y aller au bluff.

— On aurait dû emmener Thelma, elle nous aurait découvert ça dans ses cartes, je soupire.

— Demande à ta boule de cristal, se moque Chris.

— Je suis déjà la mécanicienne du groupe, moi, je ne peux pas tout faire !

— En parlant de ça, comment as-tu trouvé la panne ?

— La mécanique, c'est comme Noël. Si tu y crois très fort, les miracles arrivent ! Bon, en réalité, mon frère Gérald répare des tracteurs depuis qu'il sait marcher. On n'entend jamais le son de sa voix, sauf quand il parle de moteurs. Il devient alors intarissable. J'ai retenu quelques leçons !

— Tu es vraiment… Il s'interrompt en se mordillant la lèvre.

— Vraiment quoi ? Belle ? Intelligente ? Ou juste un imposteur ?

Il se contente de m'embrasser dans le cou, et ça me convient.

Nous débarquons au milieu de la nuit dans un hôtel atypique et kitsch à souhait qui appartient à Steve Carpenter, et dans lequel a dû se passer l'échange de drogue il y a quelques jours à peine.

Je regarde l'immense hall, les yeux écarquillés. Une grande partie de la pièce est remplie de machines à sous.

— On est arrivés à Las Vegas ?

— Non, mais aucun doute, on est dans le Nevada, me répond Chris. Quoi que… il se pourrait bien que le père Noël séjourne ici avant d'entamer sa tournée, tu ne crois pas ?

— Étant donné la profusion d'ornements en tous genres, c'est probable. Mais regarde, je crois qu'il fait de la colocation avec les extraterrestres.

En effet, le lieu grouille de sculptures de Martiens coiffés, pour l'occasion, de bonnets à pompons.

Chris éclate de rire.

— C'est à se demander ce que les architectes avaient en tête en faisant les plans.

— On se croirait dans le salon de mes parents, je ris. On a tous ajouté notre touche au moment de son aménagement, il y a une dizaine d'années, et le résultat est un peu comme ici : original et insolite.

Le sourire aux lèvres, nous nous dirigeons vers la réception, où une vieille femme à la mine enjouée malgré l'heure tardive nous tend la clé de la dernière chambre vacante contre une caution de cinq dollars. Ouf ! Nous avons eu de la chance, ç'aurait été ballot de faire foirer cette enquête parce que nous n'avions pas réservé. Un écriteau signale que les animaux sont admis, et précise que comme aucun chien n'a jamais été surpris en train de faire un trou de cigarette dans les draps, de s'engueuler avec son colocataire ou de boire à outrance dans la chambre, s'il se porte garant pour ses humains, ces derniers sont les bienvenus aussi. Je présente Dumbo à la réceptionniste, qui devient immédiatement sa meilleure amie.

La chambre a connu son heure de gloire en 1960 et n'a pas évolué depuis, mais le lit est *king size*, confortable, et surtout le premier que je vais partager avec Chris en dehors du camping-car. Ou le dernier si les Blood Brothers nous zigouillent demain… Mais nous décidons que pour ce soir encore, nous allons voir le verre à moitié plein.

22

La révélation

Il est midi lorsque j'ouvre les yeux. Chris dort encore à poings fermés. Du bout du doigt, je suis les contours de son visage parfait, le cœur déjà empreint de la nostalgie que je ressentirai quand je rentrerai. C'est fou comme en quelques jours à peine, on peut s'attacher à quelqu'un et avoir le sentiment de le connaître depuis toute une vie. Alors que mon index approche de ses lèvres, il ouvre subitement la bouche et fait semblant de croquer ma main. Je hurle de peur et de rire en même temps, et la matinée commence par une session de chatouilles, à laquelle Dumbo participe en jappant. Est-ce que c'est ça le bonheur ? Je n'ai pas le temps de réfléchir à la question puisque je vis l'instant.

Nous passons la majeure partie de notre journée dans la chambre à attendre un signe de John, lorsqu'il frappe à la porte et entre en compagnie de l'officier du FBI, d'un panier-repas, et de mon stress qui vient immédiatement me coller des crampes d'estomac.

Après les présentations et formules de politesse, le garde du corps entre dans le vif du sujet :

— Nous avons une excellente nouvelle, les enfants.

— Mon séjour en Californie était en fait une caméra cachée ? je propose.

— J'ai dit une excellente nouvelle, pas un miracle, Ellie. Nous avons beau être le 24 décembre, je ne suis pas le père Noël. Mais Steve Carpenter a été arrêté !

— C'est génial ? Comment ?

— Comme nous n'avions malheureusement pas de preuves contre lui pour la drogue, nous sommes parvenus à le coincer sous un prétexte un peu hasardeux, que je préfère ne pas vous révéler, parce que l'essentiel, c'est qu'il est hors d'état de nuire jusqu'à la fin de sa garde à vue, dans quelques heures.

— Formidable, se réjouit Chris. A-t-il été plus loquace que Lindsay ?

— Pas tout à fait, non, explique l'agent Torres du FBI. S'il s'est fait avoir comme un bleu, il a compris que nous l'avions berné et réclame désormais son avocat. On essaie surtout de gagner du temps et de la jouer discret, afin que du côté des dealers et des équipes de Carpenter, rien ne soit annulé. Si on coince également les Blood Brothers grâce à vous, nous aurons plus de chances de les monter les uns contre les autres et de les faire tous parler. Alors, il va bientôt falloir vous préparer, pour mieux vous imprégner de vos personnages.

Pour la première fois depuis le début de ce road trip, j'enfile une tenue qui pourrait être portée par Lindsay. Une petite robe trop courte, moulante, et voyante. Je n'aurais jamais cru dire ça, mais le confort de mes pulls de Noël me manque.

J'observe Chris à la dérobée. Il a enfilé une perruque brune, de fausses dents et collé une moustache à la Magnum au-dessus de ses lèvres. Ainsi, il ressemble au Steve Carpenter de la photo que John nous a donnée. Rectification : dans la pénombre, on peut le prendre pour Carpenter si on est myope, qu'on a abusé du vin et qu'on a perdu ses lunettes. Mais ça fera l'affaire.

Le trac joue au yo-yo dans mon estomac et je ressens le besoin de parler pour dissiper mes angoisses et éviter de vomir sur le couvre-lit, même s'il est tellement bariolé que ça ne se remarquerait pas.

— Dites, officier Torres, puisque Carpenter possède de nombreux hôtels, comment avez-vous su que ça allait se passer dans celui-ci en particulier ?

— John ne vous l'a pas dit ?

— Je ne savais pas ce qui était confidentiel de ce qui ne l'était pas, bougonne le garde du corps.

— Oh, eh bien, alors voilà. On suspecte depuis plusieurs mois un commerce parallèle dans la boutique de souvenirs de cet hôtel. En outre, comme vous le savez, une fête de Noël atypique a lieu dans la salle de restaurant. La manifestation a soulevé un véritable engouement sur les réseaux sociaux, et attiré énormément de monde. Ceux qui arrivent pour l'événement en lui-même… et les gros dealers qui vont en profiter pour se fournir discrètement en Chloryphodia.

— En Chloryphodia ? C'est le nom de la drogue ?

— Affirmatif. Il s'agit d'une nouvelle drogue venue d'Europe qui circule depuis peu dans les milieux huppés de Los Angeles après avoir inondé Paris, Londres et Barcelone. Elle se refourgue sous forme de minuscules cachets qui font l'effet d'une bombe dans le cerveau, et que nos chiens sont pour le moment incapables de détecter. Elles vont provoquer une catastrophe au jour de l'An si on ne réussit pas à mettre la main dessus.

— Pourquoi qualifiez-vous la fête de Noël d'atypique ?

— Vous avez peut-être remarqué les extraterrestres dispatchés ici et là dans l'hôtel ?

Nous hochons la tête.

— C'est le thème principal de cet hôtel et de la soirée. La plupart des établissements touristiques des alentours jouent sur leur proximité avec la zone 51 pour faire du commerce, mais ici, ça atteint des sommets.

— La zone 51, c'est un truc de *X-Files*, non ?

— À peu près, oui. C'est une très grande aire géographique qui abrite, soi-disant, une base militaire secrète, m'explique John. Nombreux sont ceux qui affirment que c'est là que se nouent les relations entre les membres de l'armée américaine et les extraterrestres, et que les scientifiques y étudient les ovnis et autres bonshommes verts, mais pas en plastique dans des bocaux comme hier !

— Le rassemblement prévu a été organisé, officiellement, par des passionnés d'extraterrestres qui veulent fêter Noël avec d'autres formes de vie, nous précise Torres. Officieusement, nos informaticiens ont réussi à déterminer que c'est Carpenter qui tirait les ficelles. Deux cents fans ont répondu positivement à l'invitation. Parmi eux, une dizaine de très gros dealers venus via un tout autre réseau seront présents pour récupérer de la Chloryphodia. Vous avez besoin d'aller aux toilettes, Ellie ?

— Non, je trépignais d'impatience parce que je ne voulais pas vous interrompre. Attendez une petite seconde. J'ai eu… une sorte d'illumination.

— Vous… avez pris de la drogue ?

— Non, mais je peux vous en donner. Je crois que je viens de trouver la dernière pièce de votre puzzle, les gars !

Je hurle en levant, triomphante, la boule à neige offerte par Cassandra avant notre départ.

— Tu veux nous lire l'avenir, toi aussi ? se moque Chris.

— Écoutez-moi, d'abord. Cassie, la petite sœur de Chris, m'a avoué avoir pris cette boule à neige en cachette de Lindsay, dans un carton rempli de toute une collection du même genre. Seulement, imaginez-vous une femme comme Lindsay Hamilton collectionner les boules à neige ?

John et Torres me dévisagent, intrigués. Les yeux de Chris s'éclairent, m'encourageant à poursuivre.

— Regardez ce petit Martien à l'intérieur de la boule… Au début, j'ai cru que c'était un sapin, et Cassie m'a certifié qu'il s'agissait d'un dragon. Enfin bref, on s'en fout, n'hésitez pas à m'interrompre quand je me disperse. Tout ça pour dire que la remarque de John m'a permis cet éclair de génie : c'est bien un Martien dans une boule de Noël… Comme il y en a certainement dans la boutique de l'hôtel !

L'agent fédéral m'arrache presque la boule à neige des mains pour la soupeser, puis dévisse prudemment le socle. De minuscules cachets s'éparpillent par dizaines sur le couvre-lit bariolé. Heureusement que je me suis retenue de vomir dessus tout à l'heure.

— La Chloryphodia, murmure Torres. Ellie, félicitations, vous êtes incroyable ! Il va falloir songer à vous recruter !

— C'est gentil, mais nous avions la solution sous le nez depuis le début !

Chris me prend dans ses bras. Son expression admirative provoque des picotements sur toutes mes terminaisons nerveuses.

Mais l'allégresse est de courte durée. Torres scrute sa montre.

— Je ne voudrais pas jouer les trouble-fêtes, mais avoir trouvé la cachette ne change rien au fait qu'on tient notre chance d'interroger et d'intercepter les Texans. Rappelez-vous qu'ils sont armés, dangereux et sans pitié, et qu'ils le seront encore plus s'ils s'estiment piégés.

— Vous savez rassurer vos troupes, plaisante Chris.

— Je préfère que vous soyez avertis. On reprend le plan une dernière fois. Chris ?

— Oui. Alors. Ellie part en premier, avec Dumbo. Elle commande un apéritif au bar, et je la rejoins à une table. Lorsque la serveuse derrière le comptoir, qui est dans le coup avec nous, commence à mâcher son chewing-gum, cela veut dire que les Texans sont arrivés. J'invite Ellie à me suivre, et nous allons jusqu'à la chapelle, sans jamais nous retourner.

— Pour éviter les dommages collatéraux dans la salle de restaurant, j'ajoute, bonne élève.

— Parfait, nous félicite Torres. Vous êtes sur écoute, donc vous ne serez jamais seuls. Tenez-vous-en au plan, sauf en cas d'absolue nécessité. Et montrez-vous persuasifs. Monsieur Hamilton, je vous fais confiance, vous êtes comédien, n'est-ce pas ?

— Hé ! Moi aussi, je suis actrice, je signale, vexée. Bon, vous ne m'avez pas encore vue dans un film, mais je suis hyper douée en improvisation. J'ai même participé à la Nuit des musées, avec ma troupe de théâtre.

— Formidable, dit l'officier. Mais de grâce, évitez les phrases trop longues.

Chris pouffe derrière sa main. Je lui administre une tape sur la tête, ce qui le fait rire encore plus fort.

— Ça va, toi, monsieur le grand acteur qui n'aime pas être reconnu. Pas la peine d'en rajouter !

23

Les infiltrés

La salle de restaurant est pleine à craquer. Les tables ont été réunies afin que tous les clients soient rassemblés, et l'ambiance me rappelle le repas de Noël de Petit-Bois, les machines à sous en plus, mon oncle Maurice et sa perruque façon écureuil mort sur le crâne en moins.

Malgré le stress lié à notre mission, j'ouvre de grands yeux ébahis devant la décoration, qui offre vraiment une atmosphère magique, même avec les Martiens déguisés en lutins. Je commande un cocktail au bar, et attends sagement que le faux Carpenter me rejoigne.

— Ça va, tu ne vas pas faire une crise d'urticaire ? se moque Chris en me serrant la main, au cas où on nous observe.

— Je gère le stress.

— Je ne parlais pas de nos rôles, mais de la décoration !

— Oh, ça… C'est complètement dingue. Je n'arrive toujours pas à comprendre le besoin qu'ont les gens de se retrouver pour fêter Noël. Tu te rends compte qu'ils ne se connaissent même pas ?

— C'est justement incroyable que ce genre de lieu existe pour les âmes esseulées. J'imagine que tu le sais, mais la période de Noël peut être compliquée pour certains. Il y a ceux qui sont entourés d'une famille nombreuse, de proches bienveillants, et ceux qui n'ont rien. Ce sont eux qui appellent mon association pendant les fêtes de fin d'année. Alors avoir un endroit où lier des amitiés, ne serait-ce que pour la soirée, je trouve ça formidable.

Un nœud se forme dans ma gorge et mon esprit s'envole vers Petit-Bois.

— Je ne suis qu'une sale égoïste qui ne pense qu'à son petit nombril. Je ne me suis jamais rendu compte que c'était ce que faisait mon village : réunir les familles nombreuses avec ceux qui sont seuls. Moi, je ne voyais pas plus loin que le bout de mon nez. Je suis trop conne.

— Ne sois pas aussi dure avec toi-même.

— Il faudrait pourtant que je regarde la réalité en face. Mon rêve de devenir actrice, d'être reconnue, a posé un voile opaque sur tout le reste. Il m'a aveuglée.

— Il n'est jamais trop tard pour jamais d'avis. Le bonheur, il tient dans les petites choses de la vie, pas dans une carrière.

— Sauf que je n'ai rien d'autre.

— Bien sûr que si. Tu as une imagination débordante, un don pour communiquer avec les gens et les cerner, des théories brillantes… Ton idée pour trouver des soutiens pour mon association, par exemple, c'était malin !

— Les idées, ça ne suffit pas pour se créer un métier.

— Et si je t'embauchais pour gérer le gala de charité dont tu m'as parlé ?

— Je refuse de compter sur ta pitié, Chris. Et puis, ma famille, ma vie sont en France.

— Tu vas repartir, alors ? Tu es sûre que…

Chris s'interrompt et plisse les yeux. Sa main se crispe sur mon genou.

— Allez Ellie. C'est parti.

Moteur. On tourne.

Nous traversons la salle de réception et nous engageons sur le chemin qui longe une mare artificielle, en retenant Dumbo qui a apparemment envie d'aller barboter. La peur a transformé mes jambes en spaghettis trop cuits, et la chapelle me semble toute proche et à dix kilomètres à la fois. Seule la main de Chris, qui me frôle à chacun de nos pas, me permet de chasser les prémices d'une crise d'angoisse.

Dans la chapelle, je remonte l'allée, plus tremblante qu'une mariée en plein doute, pendant que le faux Carpenter récupère sous un banc un sac contenant plusieurs liasses de billets, qu'il me tend.

Trois, deux, un…

La porte en bois s'ouvre et se referme sur deux hommes en santiags et blouson de cuir. Dumbo se met à grogner.

— Lindsay, quelle surprise de te retrouver ! lâche le premier, une espèce d'armoire à glace, en se dirigeant vers l'autel.

— On est à l'heure pour la livraison des cadeaux ? demande l'asperge.

Je dois jouer la surprise et la frayeur, et cette dernière émotion n'est clairement pas la plus compliquée à feindre.

— Tu as déjà perdu ta langue, Lindsay ? remarque son comparse sur un ton aussi calme que perturbant, et je reconnais la voix du type qui m'a agressée dans la rue, même s'il me fait aussi penser à Hannibal Lecter qui propose à l'agent Starling de s'approcher de lui.

J'avale ma salive en priant pour qu'elle ne reste pas coincée.

— Mince, poursuit-il, et moi qui espérais te la couper moi-même et la donner à manger à ton adorable toutou…

Le programme est alléchant.

La main du gringalet se dirige vers l'intérieur de son blouson, et j'imagine qu'il ne va pas en sortir un sucre d'orge.

— OK, on se calme, dit Chris en levant les mains.

— D'abord, on va récupérer notre argent, Carpenter, annonce le grand en m'arrachant le sac des mains. Parce qu'au cas où vous ne le saviez pas, la Chloryphodia nous appartenait, et cette traîtresse nous l'a volée.

J'essaie de ne pas regarder vers la porte dérobée, par laquelle doivent arriver Torres et John. Qu'est-ce qu'ils attendent ? Et nous, que peut-on faire ? Proposer un chant grégorien pour patienter ? Mes jambes flageolent et menacent de céder sous le poids de mon angoisse. Le temps semble suspendu.

Tout à coup, la porte de la chapelle s'ouvre en grand. Un pasteur en soutane accompagné d'un

Elvis Presley bon marché apparaissent dans l'encadrement. Je me concentre pour ne pas laisser échapper mon soulagement. Ils en ont mis, du temps ! Et ces déguisements pour endormir les Texans, c'est ridicule ! Pourtant, ça fonctionne. Le teigneux fait disparaître son arme, se rapproche de moi et m'attrape par le bras sans ménagement tandis que le géant se colle à Chris.

— Ah, vous êtes déjà là, s'enchante Torres le pasteur en se dirigeant vers nous. Quels beaux futurs mariés de Noël !

Si ça continue, je vais devenir la femme d'un chef de gang avant de fêter mes vingt-quatre ans.

— Préférez-vous que je commence par « Love Me Tender » ? me chantonne Elvis.

Je jette un regard vers le cow-boy qui m'intime de donner une réponse. Parfait.

— « Love Me Tender », ça nous ira, je réponds, ce qui est la phrase qui signifie que notre enregistrement leur fournira toutes les preuves dont ils ont besoin pour coffrer les Texans et inculper Lindsay et Carpenter.

Le pasteur fait un signe de croix et moi une prière mentale. C'est le signal.

Je bondis et retombe entre deux rangées de bancs sur la moquette poussiéreuse. Des coups de feu sifflent dans la chapelle, me dégommant les tympans.

Je me recroqueville au sol, bras par-dessus la tête comme je l'ai vu tant de fois à la télé, et attends que le silence revienne. Mes paumes sont moites, mon cœur menace de sortir de ma poitrine et ma cheville est sûrement tordue. Est-ce que quelqu'un peut dire « Coupez » et me proposer une petite retouche maquillage ? Qui des flics ou des méchants a gagné ?

Enfin, Dumbo me lèche la joue et une main se pose sur mon épaule. Apparemment, je ne crains plus rien.

Quand je me relève, le visage ruisselant de larmes, j'aperçois d'abord les visages hargneux des Texans, menottés. Au second plan, Chris, sain et sauf, m'ouvre ses bras et je me réfugie contre lui. Mes nerfs lâchent et j'ai le sentiment que je ne pourrai plus jamais m'arrêter de sangloter.

Je pleurniche quand le faux pasteur Torres nous félicite et quand John alias le King me prend à son tour dans ses bras immenses. Je hoquette de soulagement quand Chris me passe Thelma en visio. Je pleure de joie quand je peux appeler rapidement ma famille et qu'ils me répètent leur fierté. Je pleure toujours quand un agent du FBI m'apprend qu'ils ont mis la main sur les boules à neige et qu'ils sont en train d'intercepter les dealers venus les récupérer.

Il me faut deux heures pour enfin stopper l'inondation lacrymale. De toute façon, mon corps doit être complètement sec. Je verse toutefois quelques larmes sur l'épaule de Chris lorsque je m'endors dans le camping-car où j'ai voulu absolument retourner. Mais cette fois, c'est parce que je devine que bientôt, ce sera bel et bien fini.

24

Retour vers le futur

Drapée dans une merveilleuse robe asymétrique signée Valentino, je remonte avec élégance le tapis rouge du Festival de Cannes au bras de mon amoureux, fière comme un paon qui a réussi sa première roue. Les flashs crépitent sur notre passage. Une horde de fans scandent mon nom.

Je n'ai peur de rien, même pas de perdre l'équilibre à cause de mes talons vertigineux. Je marche sur des nuages, invincible, jusqu'en haut des escaliers. Je me retourne et admire la foule depuis le sommet de mon Everest.

Chris se penche à mon oreille pour me chuchoter un mot d'encouragement, mais mon attention est distraite par un boulet de canon qui traverse le parvis du festival. Dumbo. Je n'ai pas le temps de réagir ni même de crier qu'il bondit sur moi, attrape entre ses dents l'étoffe de ma robe et tire dessus comme si on était dans une cour de maternelle et que j'accaparais le jouet tant convoité. Le silence s'abat sur l'assemblée qui, comme moi, retient son souffle. Mes froufrous à cent mille dollars le mètre se déchirent dans un craquement terrifiant. Les gardes du corps s'époumonent dans leurs talkies-walkies.

Le roquet s'enfuit en bas des marches, me laissant nue et honteuse devant un public hilare. Des sirènes de police se mettent à hurler. De plus en plus proches. De plus en plus fortes. Chris s'ébouriffe les cheveux, enlève sa perruque pour révéler un crâne lisse et chauve, et retire ses lentilles de couleur, se transformant en quelques secondes en membre des Blood Brothers.

— Alors, où sont les boules à neige ? me questionne-t-il avec un terrifiant accent texan.

J'ouvre les yeux, hagarde.

Je ne suis pas sur le tapis rouge du festival, mais dans des draps roses à fleurs. Je ne porte pas de robe, mais un débardeur et un short parsemé de lutins de Noël. Je ne suis pas à Cannes, mais dans un camping-car au milieu d'un désert américain.

J'ai tout rêvé.

Tout, sauf le chien qui tournoie, un bout de drap dans la gueule.

Dumbo a besoin de se vider la vessie.

Chris se frotte les yeux et s'étire comme un chat.

— C'est quoi ce vacarme ? demande-t-il en bâillant.

— Ma robe Valentino qui s'est déchirée.

— Ta quoi ?

— Non, oublie, c'était un cauchemar.

— Ah, d'accord. Mais le bruit ?

— La foule qui m'acclame, dis-je en ouvrant la porte à Dumbo pour qu'il aille faire ses affaires dehors plutôt que dans le salon.

Quelqu'un crie. Je n'ai pas le temps de comprendre ce qui se passe, je suis aveuglée par une succession de flashs. Le camping-car est encerclé de photographes qui hurlent mon prénom et un milliard de questions. Je demeure figée, les bras ballants, la bouche ouverte, la marque de l'oreiller certainement incrustée sur la joue, et les cheveux hirsutes. Heureusement, Chris est là. Il rattrape par le collier un Dumbo couinant comme un cochon qu'on égorge, me tire en arrière et referme la porte. Je reste tétanisée.

— J'appelle John, décide Chris.

Je cligne des paupières, recouvrant peu à peu mes esprits, et me mets à faire les cent pas.

— Nom d'un canard en mousse, je vais encore avoir une tête affreuse sur leurs photos !

Une demi-heure plus tard, une équipe envoyée par John rapplique sur le parking et balaie les paparazzis. La mort dans l'âme, nous reprenons la route, celle qui sonne la fin de cette aventure, et de notre romance.

Lorsque la villa des Hamilton se dresse devant nous, j'ai l'impression de l'avoir quittée il y a dix ans. Dire que c'était il y a moins de dix jours ! Je réalise qu'aujourd'hui, c'est Noël, et mon anniversaire. Et que personne ne me l'a souhaité, encore une fois. Je soupire, résignée, et ouvre la porte.

— Surpriiiiiiiise !

Devant mes yeux exorbités, Thelma et Cassie déploient une banderole sur laquelle il est écrit : « Happy Birthday ».

— Mais comment… Pourquoi ? Quand ?

— Ne pose pas de questions et profite, me murmure Chris en déposant un baiser à la commissure de mes lèvres, sous les acclamations d'une Cassandra morte de rire.

— Ils sont amoureux ! crie-t-elle en entraînant Dumbo dans une danse folle.

— Tiens, déclare Chris en me tendant un paquet. Ce n'est pas grand-chose, je l'ai acheté à Yosemite…

J'arrache le papier et découvre une dizaine de carnets vierges et un stylo estampillé du logo du parc national.

— C'est pour que tu te remettes à écrire. Je suis convaincu que tu as un talent fou.

Une attaque de poussière, sûrement doublée d'un début de conjonctivite, humidifie mes yeux.

— Tu es une héroïne, Ellie, ils l'ont dit à la télé et cette fois ils disaient la vraie vérité de pas pour du faux ! me carillonne Cassie dans les oreilles en m'offrant un surpyjama de lutin.

— Merci princesse, mais tu veux que je te dise ? C'est grâce à toi si la police a pu arrêter les méchants.

— Non, c'est comme tu m'as expliqué. C'est grâce au destin. J'ai été gentille en te rendant la boule à neige alors il m'a remerciée ! Et les voleurs de bœuf, hop, en prison avec Lindsay… Je suis triste qu'elle fasse partie des méchants, tu sais. Mais elle n'a jamais été très gentille, en fait.

Je la serre dans mes bras. Je n'ose imaginer ce qui lui passe par la tête, mais j'ai une idée pour la distraire. Je sors de mon sac une boule à paillettes achetée dans la boutique de l'hôtel, dans laquelle un chien remue la queue, et la tends à une fillette exaltée. Et oui, évidemment, j'ai vérifié qu'aucune drogue n'était dissimulée dans son socle.

— Tiens, ma puce. Cette fois, c'est un vrai cadeau. Il paraît que les chiens lisent super bien l'avenir, bien mieux que les dragons.

Cassandra entoure mon cou de ses petits bras et me montre sa joie à coups de syllabes suraiguës. Je constate que Chris et Thelma ont le même souci de poussière dans l'œil que moi.

Après avoir soufflé mes bougies sur un gâteau surmonté de plus de crème que je ne pourrais en avaler de toute mon existence, je laisse à Chris le soin de raconter la fin de nos péripéties et monte me changer. Dans la chambre, j'effleure mon contrat. Si j'avais été prévenue de tout ce que j'allais vivre, aurais-je signé ? Bien sûr que oui. Je récupère mon téléphone, évidemment HS. Je le branche, attends quelques minutes puis le rallume. L'appareil sonne et vibre tant qu'on dirait les machines d'un hôpital signalant qu'un malade est sorti du coma. Je suis obligée de le garder raccordé pour que la batterie ne fasse pas un arrêt cardiaque à chaque nouvelle salve de notifications. J'efface les messages alarmés de ma famille puisque je les sais désormais rassurés, découvre avec stupeur que j'ai gagné cinquante-deux mille *followers* sur Instagram et m'aperçois que des gens qui ne m'ont pas adressé la parole depuis l'école primaire se sont rappelé soudainement que j'étais leur meilleure amie. Je supprime. La boule au ventre, j'écoute le dernier, émanant de Priotto. Je croise les doigts pour qu'il ne me réclame pas un remboursement de l'avance perçue.

« Ma chère Ellie, *oh my God* ! J'espère que vous allez bien. Je viens d'apprendre ce qui vous est arrivé, je suis tellement navré… Je n'imaginais pas vous envoyer tout droit dans la gueule du loup. Si j'avais su ! Lindsay a si bien caché son jeu, quelle horrible mégère ! En tout cas, vous avez été incroyable, extraordinaire. Et évidemment, je vous attends ASAP pour vous proposer différents castings. Je ne vous lâche pas, ma chère Ellie. Vous allez voir, je saurai me faire pardonner. Je vous embrasse, à très vite ! »

Assise sur la moquette de la chambre des Hamilton, je digère l'information. Il y a quelques semaines, le message enthousiaste de l'agent m'aurait transportée de joie. Là, il ne me procure aucun débordement lacrymal. Je n'éprouve pas une impatience folle, je ne suis pas surexcitée. Au contraire, je conserve au fond de la gorge ce mauvais goût, comme quand je pars et que je suis persuadée d'avoir oublié quelque chose sans réussir à mettre le doigt sur l'oubli en question.

Tout à coup, l'impression devient plus nette et se précise. Je dois rentrer à la maison au plus vite.

25

L'empire contre-attaque

Ma famille et les Petit-Boisiens sont de sales hypocrites. Il n'y en avait pas un pour me soutenir après l'incendie, mais ils sont tous présents pour la fête organisée dans la salle communale en mon honneur. Ce sont de sales hypocrites, mais je les aime, même si j'en suspecte certains d'être venus plus pour terminer le cubi de Noël que pour me féliciter ou me souhaiter mon anniversaire. Il est d'ailleurs évident que l'oncle Maurice et son écureuil mort sur la tête font partie de la première catégorie.

J'écrase un bâillement. Depuis que je suis descendue de l'avion, je me sens à la fois jet-laguée et larguée. Jet-larguée, en quelque sorte. Tout me paraît différent, surtout moi. Le village me semble avoir rétréci, comme si j'étais Alice au pays des merveilles après qu'elle a mangé le cupcake. Et je crois qu'effectivement, j'ai grandi, mais dans ma tête.

Mes tribulations m'ont remis les pendules à l'heure, et m'ont aiguillée sur ce que je désire véritablement.

— Un verre de Villageoise ? me propose Marie-Lou, qui m'a agrafée en haut du podium de ses personnalités préférées depuis que je lui ai relaté mon aventure amoureuse avec *le* Chris Orsini de notre adolescence.

— Juste un fond, s'il te plaît. Priotto ne devrait pas tarder, je veux garder les idées claires.

— Tu es stressée ?

— Moins que quand je me suis retrouvée face aux Texans !

— Tiens, je crois qu'il arrive.

Effectivement, Ernest Priotto, le célèbre agent des stars, vêtu d'un costume sur mesure qui doit coûter à lui seul le prix de toute la fête organisée par mes proches, entre dans la salle communale qui sent la moisissure. Et s'il se déplace jusqu'ici, c'est qu'il a forcément une proposition à me faire.

— Ma très chère Ellie, comment allez-vous ? me salue-t-il avec autant d'effusion que si j'étais sa mère disparue et revenue par enchantement.

Une très belle proposition, donc.

— Je bois un verre de vin avec ma famille, donc tout va pour le mieux. Je vous présente Marie-Lou, ma petite sœur. Elle a monté une agence d'événementiel incroyable. Peut-être que vous pourriez avoir besoin de ses services ?

Priotto serre la main de ma petite sœur, les lèvres pincées. Il écoute Malou lui expliquer l'historique de sa société, la rencontre avec sa collaboratrice Hortense, les courbes du chiffre d'affaires et le changement climatique à l'origine des soucis de récolte de nos parents.

Il finit par l'interrompre après son récit détaillé de ce qu'elle a mangé à la cantine le jour de sa rentrée en sixième (des raviolis alors qu'elle portait un pull blanc) et avant qu'elle ait le temps de lui narrer comment elle a perdu sa virginité durant son année de terminale (je compatis, personne n'a envie de savoir).

— C'est passionnant, mademoiselle…

— Plouc, j'en suis une moi aussi ! s'esclaffe-t-elle.

— J'ai cru comprendre, oui.

Il se tourne vers moi, ses sourcils dressés.

— Ellie, j'ai plusieurs excellentes nouvelles qui valaient le déplacement, et je ne veux pas vous faire languir plus longuement. Vous avez été choisie pour incarner le personnage principal d'une série prometteuse, qui risque fort de propulser votre carrière…

Mon ego crie youpi. Ma raison me chuchote que je n'ai aucunement mérité cela. Heureusement, je n'ai pas le temps d'arbitrer un duel entre les deux.

— Et sinon, à quel moment comptez-vous vous justifier pour m'avoir vendue aux journalistes ? Pour avoir donné l'adresse de mes parents ? Pour avoir outrepassé vos fonctions d'agent en dévoilant mon identité à la presse ?

— Comment ça… pardon ? baragouine-t-il.

Son téléphone vibre dans la poche intérieure de sa veste. Il s'en empare comme s'il s'agissait d'une bouée de sauvetage, mais je l'arrête dans son élan.

— Vous possédez un gros réseau, Ernest. Mais avoir des connaissances ne signifie pas que vous n'avez que des amis. Tout s'ébruite, dans le monde du cinéma, vous êtes bien placé pour le savoir.

— Eh bien, je…

— Vous avez omis un certain nombre d'éléments, en m'envoyant chez Lindsay Hamilton. Comme le fait que vous saviez pertinemment ce qui se tramait, et que les Texans me tourneraient autour, voire pire. J'ai appris que vous passiez la majeure partie de vos déplacements professionnels à Hollywood avec Lindsay. Et j'ai également découvert que vous comptiez écouler de la Chloryphodia dans vos soirées mondaines.

S'il se sent pris au piège, Priotto n'en montre rien.

— Mais de quoi parlez-vous ? s'insurge-t-il. Je ne suis que le pantin d'une farce dont vous avez été la victime. Nous sommes dans la même équipe, vous et moi.

Je ris en dévoilant les dents dont il a payé le blanchiment.

— Chez les Plouc, on a coutume de dire, de façon plutôt abrupte je vous l'accorde, mais l'image vous parlera sûrement, que ce n'est pas une fois qu'on s'est chié dessus qu'il faut serrer les fesses. Vous l'ignorez probablement, mais je suis une fine observatrice. Les choses, les gens… je regarde tout, et je retiens tout. J'ai notamment adoré la déco de votre bureau. Design, épurée, moderne… C'est la raison pour laquelle un détail m'a sauté aux yeux : votre petite boule à neige. Pas mal, la Chloryphodia, comme activité secondaire. Plutôt lucrative, j'imagine ?

Sa mâchoire se crispe, et je crois même qu'une goutte de sueur se fraie un chemin jusqu'à son col de chemise griffée. J'admire néanmoins son calme apparent.

— Vous êtes plus maligne qu'il n'y paraît, mademoiselle Plouc. Mais j'ai déjà mis les boules à neige contenant la Chloryphodia en lieu sûr, comme vous devez vous en douter. En outre, non seulement vous ne pouvez rien prouver, mais, si cela venait à s'ébruiter, vous pourriez faire une croix sur votre carrière. Y avez-vous bien réfléchi ?

— En réalité, j'ai déjà mes preuves. Et oui, j'y ai beaucoup songé. D'ailleurs, ma décision est déjà prise, je…

— Je vous arrête, mademoiselle Plouc, je…

— C'est moi qui vous arrête, monsieur Priotto, intime la voix grave et ferme de la commissaire de police qui attendait un peu plus loin, prête à intervenir. Je suis la commissaire Fontaine, et j'agis sur demande du FBI. Toute cette discussion a été enregistrée, nous permettant désormais de mener une perquisition chez vous. Merci pour votre aimable collaboration.

Le visage de Priotto se vide de son sang. La commissaire Fontaine le menotte rapidement et me remercie pour ma coopération. L'agent darde sur moi un regard rempli de haine auquel je riposte par une grimace. Ma grand-mère, occupée à terminer les pains surprise, me rejoint et s'étonne.

— Eh beh, il est pâle comme un cul de laitier, celui-là ! Il repart déjà ? J'aurais pu lui préparer une décoction d'orties !

Je souris et sors mon téléphone.

« Coucou agent Torres. Je voulais vous avertir que l'arrestation s'est passée exactement comme on en avait parlé avant mon départ. Bonne continuation ! »

Soulagée, je range mon téléphone en me mettant à rêver. Qui sait, ils recherchent peut-être des actrices, dans la police ?

26

On ne choisit pas sa famille

Après une salve d'applaudissements pour accompagner la sortie de Priotto, l'intensité sonore a dépassé la limite de décibels, chacun y allant de son petit commentaire, comme si les autres n'avaient pas assisté à la scène.

Les commères du village sont passées en mode présentateurs sportifs après un match de football. D'ici trois jours, à trente kilomètres à la ronde, il se murmurera que dix hélicoptères se sont posés sur la place et que des dizaines de policiers ont combattu avec acharnement un groupe armé jusqu'aux dents. Bienvenue dans ma campagne, où le moindre ragot prend immanquablement des proportions étonnantes. Mais comme partout ailleurs, finalement.

Après m'avoir mis de force un verre de vin dans la main et un toast dans la bouche, Marie-Lou tape dans ses mains et réclame un discours. Petit à petit, tout le monde suit, et mon cœur se serre.

Je monte sur une estrade brinquebalante et embrasse mon auditoire du regard. Mon public, mais surtout ma famille, au sens large du terme. Les gens que je connais depuis que je suis gamine. Ceux qui ne rient pas quand ils prononcent le nom Plouc, soit parce que c'est le leur, soit parce que pour eux, il s'agit simplement des amis de la ferme au bout du chemin.

— Merci à tous pour cette petite sauterie de retour. Toutefois, si je veux rester modeste, ce qui comme chacun d'entre vous le sait, n'est pas mon point fort, je dois vous dire que je ne mérite pas tout ça. Je suis partie alors que les cendres de la grange des Billaud étaient encore chaudes. J'aurais dû rester, m'excuser, ne pas quitter le navire, et réparer mes erreurs avec vous tous. Depuis petite, je n'ai qu'une seule envie : devenir une vedette et m'éloigner de ce village. Il m'a fallu vivre des aventures rocambolesques à l'autre bout du monde pour me rendre compte d'une chose. Je peux bien m'installer sur Pluton, modifier mon nom et recourir à des artifices pour me transformer en une autre, une chose ne changera jamais : mes fondations, mon socle, la base de ce que je suis. Et tout cela, c'est ici. C'est ici et c'est vous. C'est la ferme de mes parents, les biscuits à la cannelle de mamie Jacqueline, les tracteurs de Gérald, les bêtises commises avec Gilles ou Malou, le vol de nez quotidien de Mickaël, ou même la chevelure de mon oncle Maurice. Tous les souvenirs que j'ai avec vous sont ce qui m'a aidée à me construire, et ce qui contribuera aussi à me faire évoluer à l'avenir. Longtemps, j'ai eu honte de vivre ici, mais il ne m'a pas fallu longtemps, ailleurs, pour en être fière. Je ne sais pas ce que l'avenir me réserve et si un jour je passerai aux infos pour un autre événement qu'une inculpation d'enlèvement, mais une chose est sûre. Je vous aime et ça, ça ne changera jamais.

Les hourras fusent. Les yeux embués, je descends de la scène improvisée et me retrouve aussitôt encerclée. Mes frères et sœurs, mes parents et ma grand-mère, mes oncles et tantes s'agrippent les uns aux autres dans une étreinte XXL et m'étouffent de leur amour. Du coin de l'œil, je vois l'oncle Maurice se resservir un verre de vin, preuve que rien ne change jamais vraiment. Je passe de bras en bras, de sourires en larmes d'émotion, de baiser fraternel en caresse maternelle. Je ne m'énerve même pas lorsque mon frère Mickaël me vole mon nez : ma tape derrière sa tête est affectueuse, c'est tout. Je suis chez moi, dans mon élément. J'ai ma place dans cette famille et je me demande tout à coup pourquoi j'en ai douté si souvent.

Je ressens un pincement au cœur en pensant à Chris, Thelma et Cassie, mais je sais que j'ai pris la bonne décision en revenant ici. J'ai mûri.

— Ellie, on peut se parler ?

Je me retourne. Gilles me fait signe de le suivre.

Je m'installe sur le banc de pierre sur lequel on s'est embrassés pour la première fois. Gilles reste debout, mal à l'aise. Les secondes s'égrènent sans que ni lui ni moi n'osions prononcer un mot. L'horloge de l'église, en sonnant la demie de 22 heures avec ses sept minutes d'avance habituelles, nous fait sursauter.

— Tu vois, ici aussi, il y a du suspense et de grosses frayeurs, blague-t-il sur un ton qui se veut jovial, mais qui sonne faux.

— Gilles, je...

— Non, attends Éléonore. Je voulais te dire que ton discours était très touchant. Et que moi aussi, je te dois des excuses. Tu n'étais pas la seule fautive, pour l'incendie. Et je voudrais... j'aimerais... Est-ce que tu crois qu'on pourrait reprendre comme avant, sans pression ni déclaration ? Tu me manques. J'ai été en colère, un bout de temps. Quand ce reporter américain est venu, ça m'a encore plus fichu en rogne. Mais lorsqu'il est parti, je me suis dit : voilà, ça, c'est Ellie. Personne ne la changera. C'est vrai, tu es comme ça, tu te mets dans le pétrin, mais tu t'en sors quand même.

— Je... Merci ?

— Attends, ce n'était pas la partie la plus gentille. Ce que je voulais dire, c'est que les gens sont comme ils sont. On les prend comme ça, ou pas. Et toi aussi, tu fais partie du ciment de ma vie.

— Gilles... je m'excuse de te couper la parole, mais c'est non.

— Non ?

— Non, on ne recommencera pas comme avant. Ce n'est pas à toi de faire toutes les concessions. Et notre relation ne te convenait pas. Je l'ai toujours su au fond de moi, mais égoïstement, je me suis convaincue que tu n'en souffrais pas. Je me disais simplement qu'un jour, tu te dénicherais une fille bien et que ça se terminerait entre nous, sans pleurs et sans heurts... Mais en réalité, je t'ai enfermé dans une histoire qui t'empêche de trouver l'amour, le vrai, celui qui te colle des chatouilles dans le cœur et dans les tripes, qui te fait frémir, douter, évoluer, grandir. Je serais bien cruelle de t'infliger une pseudo-relation, alors qu'une belle aventure t'attend quelque part.

Gilles secoue la tête, déstabilisé.

— Tu es tombée amoureuse, suppose-t-il, la voix enrouée. De l'Américain ?

— Non, on a, j'ai… Oui. Je suis amoureuse, tu as raison.

— C'est bien ? Je veux dire, félicitations. Je suis heureux pour toi si tu l'es aussi. Enfin, bon, pour le moment, je suis jaloux, triste et désabusé, mais quand ces émotions seront passées, je serai content.

— Il n'y a pas de raison de l'être, pourtant. Rien ne sera jamais possible, entre Chris et moi.

— Peut-être, mais au moins, tu sais ce que c'est d'aimer et d'être aimée en retour. Et rien que pour ça, tu peux t'estimer chanceuse.

— Tu as raison. Et je te souhaite de le découvrir très vite.

27

Écrire pour exister

25 décembre, un an plus tard

Attablée devant un bol de café dans la cuisine familiale, je me souhaite un bon anniversaire en piquant du nez.

Si je devais dresser un bilan, je dirais que cette année a été à la fois exténuante et terriblement riche. Une semaine après mon retour à Petit-Bois, alors que je traînais ma nostalgie et ma décision de tuer dans l'œuf ma carrière de comédienne dans mon surpyjama de lutin, j'ai réceptionné un chèque venant de l'agence Priotto. J'ai failli m'évanouir en découvrant le nombre de zéro inscrits, et trouvé l'explication sur un feuillet à part. Mon salaire était assorti d'une prime de remerciement de la part de l'avocat de l'agence, pour ne pas avoir porté plainte quant au fait que l'agent avait fourni mon adresse aux journalistes. Je n'avais rien réclamé, rien accepté, mais j'ai décidé de ne pas protester, me doutant que Thelma n'était pas étrangère à l'affaire.

Plus riche de cent mille euros, j'ai immédiatement convoqué une réunion de Plouc. C'était comme une assemblée des Alcooliques anonymes, mis à part qu'on buvait de la bière. J'ai expliqué que nous avions de quoi rembourser tous les crédits, et qu'il allait falloir qu'on s'organise à la ferme afin que mes parents arrêtent de rêver le voyage de leur vie pour vivre le voyage de leurs rêves. Ma mère a pleuré toutes les larmes de son corps, jusqu'à ce que ma grand-mère lui affirme qu'à ce rythme-là, elle ne pisserait plus jamais.

Ils sont partis il y a six mois et depuis, mes frangins et moi, on gère la ferme. Chaque dimanche, on se retrouve dans le salon pour déjeuner tous ensemble et assister à la « récap-visio » de nos parents, qui paraissent plus jeunes et plus amoureux à chaque appel. J'en ai systématiquement le cœur qui bat la chamade et les larmes aux yeux.

Le travail à la ferme est physiquement épuisant, mais il me laisse pas mal de temps libre, que j'utilise pour écrire un roman relatant mon aventure aux États-Unis. Tous les carnets offerts par Chris ont été remplis. Désormais, chaque nuit, je ris et je pleure devant mon ordinateur. Les derniers chapitres sont les plus compliqués à rédiger, parce que comme je veux absolument une fin heureuse, il me faut inventer.

Dans mon monde réel, je m'entretiens avec Thelma et Cassie régulièrement. Juste après mon départ, Chris a suivi mes conseils et a accordé quelques interviews aux journalistes. Il a communiqué sur sa belle-mère de façon brève et concise et a surtout profité de la couverture médiatique pour mentionner son implication dans l'association. Avant même l'organisation d'un gala de charité, il avait obtenu le montant suffisant pour le local de San Francisco. Tous les mécènes des États-Unis se sont réveillés. Mais ce qui a le plus touché Chris, c'est la somme allouée par Edward Hamilton pour l'association. Ce dernier a obtenu le divorce, et Lindsay dort en prison, en attente de son jugement.

D'après Thelma, les relations entre Chris et son père se sont allégées, même si Chris croule sous le travail. Cinq nouveaux centres doivent ouvrir et il a bien d'autres projets en cours. Depuis que Chris est à de rares occasions revenu sur le devant de la scène, je l'ai aperçu quelques fois sur les sites de potins américains en galante compagnie, mais je n'ai même pas pleuré, c'était une conjonctivite. Nous continuons à respecter le pacte ridicule que nous avons conclu en rejoignant Los Angeles : on se construit chacun dans son coin, et on verra ce que l'avenir nous réserve. Je regrette parfois (environ vingt-trois heures sur vingt-quatre) de ne pas être restée, mais pendant l'heure où je ne déprime pas, je me félicite : devenir une femme entretenue ne faisait pas partie de mon cheminement personnel. Depuis mon retour, je me crée, je me réinvente, et j'apprends à me connaître. Je me devais d'y arriver seule.

Oui, je suis triste, et souvent, mes pensées me ramènent à notre road trip. Mais je me console en dressant toute une liste mentale des « ça n'aurait pas marché ».

Dans mes bons jours, Marie-Lou me traite de cruche. Pour elle, je n'aurais jamais dû partir, et écrire depuis la piscine ou la plage de Malibu. Quand la nostalgie s'attaque à mon moral et que la déprime me pousse à contempler le vide pendant de trop longues minutes, elle me serre dans ses bras en me disant que je dois avancer, rebondir. Je souhaite juste achever mon roman, et l'envoyer à Chris quand il sera terminé. C'est devenu une idée fixe et, contrairement à mon rêve de devenir comédienne, je refuse d'abandonner, parce que ça m'aide à me sentir bien.

— T'as pas fini le roman.

Marie-Lou vient de s'asseoir face à moi, le regard noir.

— Non, mais j'ai bien avancé cette nuit. Il ne me reste que l'épilogue.

— OK, et ça dit quoi ?

— Eh bien, je suis embêtée. Ma première idée, c'était que Tom survole le champ près de chez Léa dans un avion privé derrière lequel flotterait une bannière avec l'inscription « Léa, épouse-moi », et qu'il saute en parachute pour atterrir en costume à ses pieds, mais finalement, j'ai peur que ce soit trop fleur bleue, et pas vraiment « eco-friendly »…

— Ellie… Tu m'avais juré de tout donner pour poser le mot « fin » pour Noël.

— J'y suis presque !

— Mais t'avais dit que ce serait aujourd'hui ! m'accuse-t-elle.

— La journée n'a pas vraiment commencé, il n'est même pas 6 heures.

— Dois-je te rappeler que ce matin, on récupère les parents et qu'ensuite il y a la fête de Noël de Petit-Bois, qu'accessoirement, j'ai entièrement organisée ?

— L'aéroport est à moins de quarante-cinq minutes ! On sera rentrés avant midi.

Marie-Lou sort de la cuisine en rechignant. Elle revient moins de cinq minutes plus tard avec mon ordinateur sous le bras.

— Tiens. Ce qui est fait n'est plus à faire. Tu pourras véritablement profiter, après.

— Je n'ai pas envie d'écrire maintenant, Malou !

— On s'en fout de tes caprices de romancière. Je te prépare un autre café. Écris. Je te laisse une demi-heure.

Je grogne en allumant mon ordinateur. Malou est une authentique enquiquineuse, mais elle a raison. Autant avancer tant que je suis tranquille. Et puis j'aurai le temps de modifier la fin lors de ma phase de relecture, si je trouve mieux.

Épilogue.

Le manque de Tom prenait parfois Léa par surprise, aux moments où elle s'y attendait le moins. Une chanson entendue dans le camping-car passait à la radio, et les larmes lui montaient aux yeux. Une odeur de chocolat chaud, un mot qu'il avait prononcé, un homme qui traversait la rue… et Léa replongeait, telle une droguée. Elle ressentait alors l'absence jusqu'au fond de ses entrailles.

Cet après-midi-là, elle était plongée dans la contemplation d'un faon, devant un documentaire animalier, et les larmes avaient commencé à dévaler le long de ses joues, lorsqu'elle entendit un bruit.

— Il vient chez elle ? demande Marie-Lou par-dessus mon épaule.

— Euh, oui. C'est une surprise.

— Et il ne la prévient pas ?

— Bah non. C'est le concept de la surprise.

— Ah.

— Quoi, « Ah » ?

— C'est pas crédible, juge ma sœur en retroussant le bout de son nez. Enfin, je veux dire, c'est hyper prévisible. Pourquoi ne pas le faire arriver à dos de cheval blanc, tant qu'on y est ? Tu ne préfères pas qu'elle le retrouve, je ne sais pas moi, à l'aéroport ?

— Elle n'a pas programmé d'aller à l'aéroport, je commente avec patience. Pourquoi la rejoindrait-il là-bas ?

— Ah bah ça, ce n'est pas moi l'autrice, que je sache. Mais un aéroport, c'est romantique.

— Romantique ? C'est bruyant, c'est anarchique, c'est le bordel. Et c'est encore plus convenu que la banderole derrière l'avion.

— Toutes les comédies sentimentales dignes de ce nom finissent dans un aéroport, Ellie, argue-t-elle, les poings sur les hanches.

— Justement. Je n'ai pas envie que leurs retrouvailles se passent entre un vendeur de magazines et des gens qui râlent parce qu'ils n'ont pas récupéré leurs bagages. Léa et Tom méritent mieux que ça. Fin de la négociation.

— Tu as admis que la magie de Noël existait, je suis sûre que tu peux changer d'avis pour l'aéroport.

— J'ai dit non !

— Caractère de cochon.

— C'est celui qui l'dit qui y est.

Marie-Lou me tire la langue.

— OK. Je monte me préparer. Mais réfléchis à mon idée, Ellie. Ce n'est pas l'endroit qui compte, c'est la puissance de leurs sentiments, non ?

— Raison de plus ! Je trouverai mon idée, Malou. Si tu veux une *love story* sur le tarmac, écris ta propre histoire.

Malou se sauve en claquant les talons comme lorsqu'on était gamines et qu'elle désapprouvait mes choix. Je grommelle. Son idée est stupide, Léa n'a rien à faire dans un aéroport. Je relis ma dernière phrase, efface, annule. Ma sœur a réussi à semer le doute dans mon esprit. Je scrute le mur en attente d'une révélation. L'inspiration s'est envolée. Je n'arrive pas à décider de la manière dont mon histoire va se terminer.

28

Le terminal

— Regarde ce couple, s'extasie ma sœur. Ils viennent de tomber dans les bras l'un de l'autre. Dans un aéroport. C'est romanesque, non ? Moi, ça me fait un drôle d'effet dans la culotte.

— Elle sortait des toilettes, Malou, je lâche en tâchant de ne pas montrer mon exaspération. On ne peut pas appeler ça des retrouvailles. En plus, elle a du papier scotché sous la semelle de sa chaussure et sa jupe coincée dans son collant. Tu parles d'un romantisme…

— Tu es vraiment trop pragmatique, ma pauvre fille.

C'est la cinquième histoire d'amour que ma sœur me pointe du doigt depuis qu'on est arrivées à Roissy, soi-disant pour m'aider à trouver l'inspiration. Heureusement, l'avion des parents a atterri et ils ne vont pas tarder. Bientôt, nous sortirons d'ici et Marie-Lou arrêtera de me rebattre les oreilles avec cette histoire de baiser enflammé devant tous les passagers du terminal C.

Enfin, papa et maman surgissent derrière les portes automatiques. Habillés comme des touristes allemands, avec la même polaire rouge, la même doudoune bleue et les mêmes baskets orange, ils ne ressemblent à rien, mais ils se tiennent par la main et les voir en chair et en os, aussi souriants et reposés, me fait monter les larmes aux yeux. Marie-Lou a déjà sauté dans les bras de notre père, renversant sa valise au passage, et je suis le mouvement.

Nos retrouvailles ne sont que babillages, sanglots de joie, éclats de rire, et protestations de la part de ceux qui essaient de franchir notre barrage humain. Papa et maman n'ont jamais été aussi loquaces. Si personne ne les arrête, ils risquent de sortir leurs photos et de nous raconter leurs six mois d'aventure en plein milieu du hall.

— On ferait bien d'y aller, non ? je suggère en attrapant la plus grosse valise. Les autres vont nous attendre, à la maison.

— Détends-toi, Ellie, me conseille ma mère en me tapotant la tête comme quand j'avais huit ans et que je refusais de prendre mon sirop pour la toux. J'ai l'impression de poursuivre un peu mes vacances, en restant dans l'aéroport… Ça vous dit, un petit verre au bar ?

Je grimace. Objectivement, ça me tente autant que d'embrasser l'oncle Maurice sur sa perruque en poils d'écureuil mort.

— Génial, super idée ! exulte Marie-Lou.

On lui proposerait trois jours de thalasso sur une plage des Seychelles qu'elle ne serait pas aussi enthousiaste. Je la regarde avec circonspection. Le travail à la ferme est en train de la rendre maboule, heureusement que les parents sont rentrés.

— Ah oui, moi je meurs de soif, ajoute mon père. Et j'aime bien l'ambiance des aéroports.

— Tu vois, Ellie, les aéroports, c'est magique ! s'émerveille Marie-Lou en me tirant par la manche pour que je les suive.

— Youpi, allons-y, je marmonne.

Nous parvenons à caser les bagages près d'une petite table au fond du bar et commandons deux limonades et deux cafés. L'addition s'avère aussi élevée que le PIB de la Moldavie, mais tout le monde a l'air content, alors, comme me l'a recommandé maman, je me détends. Ils ont raison, après tout. À la maison, on n'aura plus une minute de libre, autant en profiter. Ma mère s'applique à nous raconter dans les moindres détails la décoration de leur cabine sur le bateau de croisière, qu'elle nous a déjà montrée sous toutes les coutures par Skype. Nous a-t-elle parlé de la texture des draps ? Et du confort de l'oreiller ergonomique ? Elle n'a jamais aussi bien dormi de toute sa vie. Et les serviettes de toilette ? D'une douceur… Elle a demandé le nom de l'assouplissant au chef de cabine, mais c'est une marque professionnelle… Je passe en mode pilote automatique, petits hochements de tête réguliers, sourire de façade, et m'immerge dans mes pensées. C'est que j'ai un roman à terminer, moi, et je tiens à respecter mes engagements. Ce qui est dit est dit, cochon qui s'en dédit. C'est décidément ce principe qui régit ma vie.

Malou me donne un coup de coude.

— Quoi ?

— Ah, quand même ! Tu étais partie loin, là !

— Non, je vous écoute. Ça avait l'air très beau, j'ai hâte de voir les photos.

— On disait qu'on allait s'en aller. Maman veut acheter un livre avant de rentrer. On bouge ?

J'ébauche un sourire, me lève et saisis une des valises de mes parents, mais Marie-Lou me stoppe dans mon élan.

— Non ! Je la prends. Toi, tu te contentes de marcher. Tu exerces un métier manuel, tu dois te ménager.

Ma sœur est de plus en plus cinglée. La récente rupture avec son dernier petit ami, il y a trois mois, lui a provoqué un choc plus important que ce qu'elle a bien voulu admettre, je ne vois pas d'autre explication.

Nous avançons en direction des ascenseurs et je fouille mon sac à la recherche du ticket de parking. Je me rappelle parfaitement m'être dit : « Je le range ici, comme ça, je le retrouverai facilement. » Et bien sûr, je ne me souviens plus où se situait le « ici ». Je finis par le repérer dans mon paquet de mouchoirs et le montre à papa, comme si c'était un billet de loterie gagnant, lorsque mes yeux croisent un regard gris-bleu et un large sourire à fossettes. Mon cœur fait une embardée. Chris est là. Dans un putain d'aéroport, le lieu le moins romantique du monde et pourtant, j'ai l'impression que des dizaines de Cupidon lancent des flèches dans le hall, que la lumière est plus belle, que les voix des passants ne sont plus que murmures et gazouillis d'oiseaux et que je vais m'évanouir de bonheur.

Chris se tient à quelques mètres de moi, les bras ouverts, et son sourire hésite. Doit-il monter jusqu'à ses yeux ou retomber ? Moi, je crois n'être pas capable de marcher, mais dans le doute, j'essaie. Je ne marche pas, je m'envole sur le torse de Chris. Ses bras se referment autour de ma taille. Je n'ai jamais été aussi heureuse qu'en ce moment, c'est officiel. Juste après, le doute m'assaille. Je viens de me jeter dans ses bras, il ne m'a pas repoussée, mais est-il là pour moi ? Et si j'étais à nouveau victime d'un quiproquo ?

— Qu'est-ce que tu fais ici ? je demande, alors qu'un milliard d'autres questions bien plus pertinentes se bousculent dans ma tête.

— Tu me déçois, Ellie Lobster, sourit-il. Je pensais que tu commencerais par m'avertir que tu n'avais pas commandé de pizza.

— Tu as apporté une pizza ?

Notre échange ne sera jamais certifié par le cercle des romantiques disparus.

— Non, avoue-t-il. Je suis là pour affaires.

— Oh.

— Je plaisante, Ellie. Et pour répondre à ta première question, je voulais te faire changer d'avis sur le pouvoir sentimental de l'aéroport. Apparemment, ça peut t'aider dans l'écriture de ton roman…

J'ouvre la bouche. Je ne comprends plus rien. Comment peut-il être au courant ? Je n'en ai même pas parlé à Thelma, et… oh mon Dieu. Je jette un regard à Malou. Elle arbore un immense sourire, mais elle n'a pas l'air surprise de découvrir mon bel Américain ici. Comment ai-je pu ne rien voir venir ? Toute lectrice un tant soit peu habituée aux comédies romantiques se serait aperçue qu'il y avait anguille sous roche dès l'évocation de l'aéroport par ma sœur. Là, il y avait carrément baleine sous gravillon. Et moi qui me targuais d'être une apprentie romancière, je me suis laissée berner.

— Tu, tu… as élaboré ce plan avec Malou ? je balbutie.

— Pire que ça. On communique depuis pas mal de temps. J'ai même reçu le début de ton roman. Je suis venu découvrir comment se passe le face-à-face de Tom et Léa.

Je manque d'air. J'ai imaginé mille scénarios improbables pour nos potentielles retrouvailles, mais aucun ne se déroulait en France, dans un aéroport.

— L'histoire n'est pas finie, je murmure, je ne sais pas comment la terminer…

— Ça tombe bien, je n'ai pas envie qu'elle se termine. On pourrait peut-être envisager une suite ?

Je plonge mes yeux dans les siens. Si je suis un tant soit peu douée en interprétation de regard, il semblerait qu'effectivement, ce ne soit que le début.

Il dépose un bisou tendre sur le bout de mon nez et je relève la tête pour un long baiser passionné. Quand je rouvre les paupières, trois secondes ou mille ans plus tard, j'observe les passants qui continuent leur chemin sans même se soucier de nous. Personne ne s'est arrêté, personne n'a applaudi. Je suis presque déçue. Les comédies romantiques ne reflètent définitivement pas la vraie vie.

— Ah, au fait, déclare-t-il, joyeux anniversaire, Ellie.

— Merci…

— J'ai une surprise pour toi.

— Parce que tu trouves que tu n'es pas une surprise assez étourdissante ?

— Retourne-toi.

J'obéis et éclate immédiatement en sanglots. Thelma, Cassandra et même Dumbo sont là, attendant sagement que je les remarque. Un homme se tient près d'eux. Vu la ressemblance avec Chris, j'en conclus qu'il s'agit d'Edward. Cassie se suspend à mon cou et me serre à m'en étouffer. J'embrasse Thelma, et mes parents et ma sœur se joignent à nous pour une valse des présentations.

— Joyeux anniversaire et joyeux Noël, grande sœur, me souffle Malou.

Épilogue

La La Land

Trois ans plus tard

J'accepte une coupe de champagne en me promettant que ce sera la seule. Ce qui est dit est dit, cochon qui s'en dédit. Vu la hauteur de mes talons, si j'en bois plus d'une, je risque la triple entorse de la cheville avant la fin de la soirée. Comme je suis l'une des personnalités mises à l'honneur, ça ferait mauvais genre d'être évacuée sur un brancard.

En ce 24 décembre, j'assiste à l'avant-première de *Road-trip et petits désagréments*, le film issu de mon premier roman. J'ai un trac monstre, même si je n'ai aucun mérite à en tirer. Si le roman s'est très bien vendu, je suis consciente que je dois cette adaptation cinématographique à l'envie d'Edward de travailler en famille et de rendre hommage à sa femme disparue. Une partie des bénéfices reviendra d'ailleurs à l'association rebaptisée Cathy Orsini. Les scénaristes ont accompli un boulot merveilleux. Le film a été tourné entre les studios de Los Angeles et les décors naturels de Yosemite, Sacramento et Amargosa, et les images sont magnifiques. Je n'aurais pas imaginé d'autres acteurs que ceux qui ont été choisis. Thelma a accepté d'interpréter son propre rôle, histoire de pimenter un peu son quotidien. Et moi, j'ai copié le grand Alfred Hitchcock, qui apparaît dans chacun de ses films, en me mettant dans la peau d'un personnage. J'ai joué la serveuse d'Amargosa Valley. Six jours de tournage à se lever à 4 heures du matin pour une réplique et un chewing-gum mâchouillé derrière le comptoir, ça m'a épuisée. Je suis bien contente que le destin m'ait dirigée vers une autre voie que celle du cinéma. Je n'ai aucun regret par rapport à la fin prématurée de ma carrière inexistante. Depuis trois ans, ma vie est chaque jour une aventure. Chris et moi partageons notre temps entre Los Angeles et la ferme familiale. Il peut désormais se permettre de déléguer ses missions à l'association, qui a obtenu de multiples subventions. Il répond encore à quelques coups de fil, parce qu'il ne peut s'en empêcher. Je trouve ça fabuleux, comme à peu près tout ce qu'il entreprend ou raconte. Quant à moi, je viens de débuter l'écriture de mon troisième roman.

— Ce ne serait pas Ryan Gosling, là-bas ? me chuchote Marie-Lou en tirant sur mon bras.

— Je crois que oui.

— Oh, mon Dieu. Je vais peut-être emménager définitivement avec vous.

— Et laisser Gilles tout seul à la ferme plus d'une semaine ? Tu ne tiendrais pas le coup !

Ce n'est plus un scoop désormais, même si à l'époque ça m'a causé un sacré choc. Quelques mois après mon installation aux États-Unis avec Chris, j'ai appelé Marie-Lou en visio. Au lieu de raccrocher, elle a zoomé, ce qui m'a permis d'apercevoir Gilles, nu comme un ver, qui se tortillait sur le lit de ma sœur. Lorsqu'elle a compris sa boulette, elle a posé sa main sur la caméra et a crié tous les gros mots qu'elle connaissait, mais c'était trop tard. Elle a dû m'avouer que Gilles et elle s'étaient rapprochés, et qu'ils formaient désormais un couple encore caché, mais épanoui. Elle ne savait pas comment j'allais prendre la nouvelle, et n'avait de cesse de repousser l'échéance. Après m'être moquée, je l'ai rassurée. S'ils sont heureux, je le suis aussi. Et ils le sont.

Chris me fait un petit signe de loin, je lui envoie un baiser du bout des doigts en retour. Il bavarde avec son père et, comme de coutume depuis leur réconciliation, ça peut durer des heures. Ces deux-là sont rarement d'accord, mais toujours prêts à défendre leurs opinions. Je le contemple un instant, et comme chaque fois, mon cœur tambourine dans ma poitrine. Tous les deux, nous avons changé au contact de l'autre. Nous avons grandi, évolué, nous nous sommes affirmés et nous avons trouvé la paix intérieure. On se dispute toujours autant, mais nos réconciliations restent à la hauteur de nos chamailleries !

Le film va commencer, nous regagnons nos fauteuils. Quand l'obscurité envahit la salle de cinéma, nos doigts s'entrelacent. Revoir nos aventures sur écran géant me renvoie quatre ans en arrière. Pendant une heure et quarante-quatre minutes, je ris, je vibre, je pleure avec Léa. Je sais ce qu'elle traverse, mais je connais aussi la fin, qui signifie le début d'autre chose.

Malou se penche vers moi :

— Ils ont bien gardé *ma* scène de l'aéroport, à la fin ?

— Je refuse de te spoiler !

— Mais je veux savoir !

— Alors, tais-toi et regarde !

Alerte spoiler : Oui. Même si c'est terriblement convenu, ils l'ont gardée, tout comme moi, je la garderai indéfiniment dans mon cœur. Il faut que je note cette phrase pour un prochain roman, tiens. Ou pas, finalement.

Quand les lumières se rallument et que je monte sur scène avec toute l'équipe, ma main dans celle de Chris à qui nous allons d'ores et déjà remettre un chèque pour l'association, je tamponne encore mes yeux remplis de larmes. Edward prononce un discours, nous répondons à quelques questions des journalistes. Et puis tout à coup, alors que j'espère pouvoir rapidement envoyer valser mes chaussures, mon amoureux s'empare du micro en se passant la main dans les cheveux. A-t-il abusé du champagne ?

— Ellie, annonce-t-il en me caressant du regard, c'est grâce à toi que nous sommes tous réunis ici. Tu es à l'initiative du merveilleux roman qui a donné un film tout aussi beau. C'est surtout toi qui, en traversant les mêmes aventures que Léa dans le film, en supportant mon caractère d'ours mal léché, en voyant systématiquement le verre à moitié plein, et en restant enjouée malgré les obstacles, as réussi à briser ma carapace. Tu as rêvé pendant plus de la moitié de ta vie de vivre sous les lumières des projecteurs, et si aujourd'hui tu as changé d'avis, je sais que tu ne refuseras pas un peu de paillettes. Ce ne sont que des paillettes de plastique, et c'est un symbole anecdotique, mais je voulais t'offrir, en public, devant ta famille et les journalistes, ce cadeau.

Il me tend un petit coffret que j'ouvre d'une main tremblante, pour découvrir une boule à neige. J'éclate de rire.

Je l'approche de mon visage pour regarder la figurine à l'intérieur. Il s'agit d'un avion qui traîne une banderole, sur laquelle il est inscrit : « Will U marry me ? »

Je reste scotchée, les yeux mouillés, incapable de prononcer le moindre mot. Décidément, les demandes en mariage me rendent muette. Mais contrairement à celle qui m'a été faite par Gilles quatre ans auparavant, j'exulte.

Mon amoureux pose un genou à terre, et je croise discrètement les doigts pour que rien ne prenne feu.

— Éléonore Plouc, veux-tu m'épouser ?

Je réponds par un petit oui de la tête, soudain intimidée.

— Plus fort ! On n'a pas entendu la réponse ! rugit une journaliste.

Réflexion faite, il est fort probable que ce ne soit pas une journaliste, mais ma sœur.

J'esquisse un petit pas chassé en réussissant à ne pas m'étaler de tout mon long et saisis le micro des mains de mon presque fiancé.

— OUI ! je crie, provoquant un larsen dont les tympans de toute la salle se souviendront longtemps.

De la neige artificielle tombe sur la scène, me rappelant que le road trip intitulé « Sur la route de la magie de Noël » portait bien son nom. « I Wanna Be Loved by You » retentit dans la salle, et un projecteur se braque dix mètres au-dessus de nos têtes.

Thelma, habillée en Marilyn Monroe, est assise sur une balançoire accrochée à des poulies qui descendent du plafond. La septuagénaire chante, micro en main, provoquant mon rire et mes larmes en simultané. Chris se relève et m'offre un chaste baiser, je l'embrasse à pleine bouche en retour.

— Offrons aux journalistes ce qu'ils ont envie de voir, je lui susurre à l'oreille.

Les applaudissements retentissent de toutes parts.

— Au fait, au cas où tu t'inquiéterais de ne pas avoir de bague, tu sais où la trouver ! chuchote-t-il, taquin, en me volant mon nez.

Il a décidément trop traîné avec mon frère Mickaël.

Je regarde autour de moi, me demandant si c'est Cassie, qui a couru sur scène pour nous féliciter, qui doit me la donner. J'espère juste qu'il ne l'a pas confiée à Dumbo, sinon, on ne la reverra jamais. Et puis une ampoule s'allume dans mon cerveau.

Les mains tremblantes, je dévisse le socle de la boule à neige. À l'intérieur se trouve un anneau tout simple, serti d'un minuscule diamant. Il me le passe au doigt.

— John s'est proposé pour jouer l'officiant de cérémonie déguisé en Elvis, si ça nous tente, me souffle mon tout nouveau fiancé. On pourrait faire un mariage de Noël le jour de ton anniversaire…

Je ris encore, le cœur léger. Thelma termine sa prestation sous les ovations du public et nous saluons les spectateurs.

Un lourd rideau de velours tombe sur scène et Chris m'enlace, les yeux brillants. Notre film est loin d'être fini, je vais continuer à interpréter pour toujours le meilleur rôle de ma vie.

Remerciements

Je ne sais pas vous, mais moi, j'adore lire les remerciements. Ça me donne l'impression d'entrer dans les coulisses de l'auteur, comme s'il allait me confier des secrets.

De fait, ça me met la pression pour écrire les miens. Qu'est-ce que je pourrais vous révéler ? Ce que j'ai déjeuné le jour de ma rentrée en sixième ? Des raviolis, *what else* ?! Et oui, je portais du blanc. Je suis donc arrivée en retard au premier cours de l'après-midi, et j'en profite pour remercier la grande fille de troisième qui a séché mes larmes d'angoisse et m'a indiqué où se trouvait ma classe. (Si elle se reconnaît, qu'elle m'envoie un message.)

Ne fuyez pas, je vais trouver mieux.

Avez-vous remarqué que chaque titre de chapitre était en réalité un titre de film ? Vous trouverez la liste juste après la section des remerciements. Comment ça, ce n'est pas assez ? Bon, d'accord. Je me lance.

L'idée de ce roman est née en plusieurs étapes. La toute première m'est tombée dessus alors que je découvrais les petits messages d'espoir accrochés sur le pont d'Auburn, en Californie. Je les aurais bien tous lus si mes enfants n'avaient pas eu « trop chaud, trop soif et trop envie d'aller à la piscine ». Les divers éléments de l'histoire se sont imbriqués dans ma caboche entre l'hôtel kitsch d'Amargosa Valley (si vous avez l'occasion d'y aller, n'hésitez pas une seconde !), la station-service dédiée à la zone 51 et un village fantôme où le propriétaire a sorti un véritable extraterrestre en plastique enfermé dans un bocal. De retour en France, j'ai raconté mes premières idées à ma mère qui a ri tout du long. C'est la raison pour laquelle je me suis lancée. Merci donc à toi, maman, d'être si bon public (et d'avoir gardé le chien avec Toinou, pour qu'on puisse partir en road trip aux États-Unis). Merci à vous deux d'être ceux que vous êtes.

Ce roman n'aurait donc pas vu le jour sans ce road trip incroyable et ceux qui l'ont partagé avec moi : Antoine, Marissa et Léandre, les trois amours de ma vie. Je me souviendrai toujours de ce trajet durant lequel nous avons inventé l'histoire de Christian, pauvre bougre coursé par un cactus affamé et des extraterrestres azimutés. J'ai la chance d'avoir une famille qui ne râle pas (trop) quand je raconte des histoires rocambolesques qui nourrissent mes brouillons de bouquins.

Ce roman a vu le jour en autoédition en 2020. Il a vécu une charmante petite vie jusqu'à ce qu'un jour j'en discute avec Karine Bailly de Robien, directrice de la maison d'édition Charleston. « Et si je le transformais en comédie de Noël ? » Il faut savoir que la première version se situait en juin. Mais voilà, l'idée était lancée, et moi aussi. J'ai une chance folle d'être suivie dans mes délires par ma famille et ma maison d'édition, donc. Danaé, Lisa, Jeanne, merci pour le soutien, les conseils, les heures passées à parler de ce roman.

D'ailleurs, merci à toute la team Charleston grâce à qui je grandis, et aussi avec qui je ris tellement, au milieu de discussions sérieuses, évidemment : Pierre-Benoît, Alice, Stéphanie, Eléonore, Caroline, Emeline, Aloïse, Laure, Virginie, Anne-Sophie, Mathilde... ainsi qu'à Clémence, pour la passation de « J'ai les boules » de Noël !

Merci à mes relectrices de choc : Isabelle Lagarrigue, Alice « au pays des livres » (pour sa seconde bêta-lecture de ce même roman !) et Magdalena de « Triple L de Mag » : c'est précieux de pouvoir compter sur vous.

Merci d'avance à tous les libraires qui l'accepteront dans leurs rayons et le mettront en avant, aux chroniqueurs qui donneront envie à d'autres de le découvrir, et à vous qui me suivez, toujours plus nombreux, de roman en roman. J'ai hâte de vous retrouver sur les salons et de discuter de ce road trip.

À très vite !
Cynthia Kafka

Liste des titres de chapitres… et de films !

1 – *Rendez-vous* (André Téchiné, 1985)

2 – *La Grande Illusion* (Jean Renoir, 1937)

3 – *Il était une fois dans l'Ouest* (*C'era una volta il West*, Sergio Leone, 1968)

4 – *Rencontre du troisième type* (*Close Encounters of the Third Kind*, Steven Spielberg, 1977)

5 – *Le Bon, la Brute et le Truand* (*Il buono, il brutto, il cattivo*, Sergio Leone, 1966)

6 – *Sueurs froides* (*Vertigo*, Alfred Hitchcock, 1958)

7 – *La vérité si je mens* (Thomas Gilou, 1997)

8 – *La vie est belle* (*La vita è bella*, Roberto Benigni, 1997)

9 – *Barbecue* (Éric Lavaine, 2014)

10 – *Psychose* (*Psycho*, Alfred Hitchcock, 1960)

11 – *Fight Club* (David Fincher, 1999)

12 – *La Rançon* (*Ransom*, Ron Howard, 1996)

13 – *Les hommes préfèrent les blondes* (*Gentlemen Prefer Blondes*, Howard Hawks, 1953)

14 – *Bodyguard* (*The Bodyguard,* Mick Jackson, 1992)

15 – *Chantons sous la pluie* (*Singin' in the Rain,* Stanley Donen, 1952)

16 – *Jeux d'enfants* (Yann Samuell, 2003)

17 – *Fenêtre sur cour* (*Rear Window,* Alfred Hitchcock, 1954)

18 – *In the Mood for Love* (*Huāyàng niánhuá,* Wong Kar-Wai, 2000)

19 – *Une rousse qui porte bonheur* (*Frankie and Johnny,* Frederick de Cordova, 1966)

20 – *Mission* (*The Mission,* Roland Joffé, 1986)

21 – *L'avventura* (Michelangelo Antonioni, 1960)

22 – *La Révélation* (*Sturm,* Hans-Christian Schmid, 2009)

23 – *Les Infiltrés* (*The Departed,* Martin Scorsese, 2006)

24 – *Retour vers le futur* (*Back to the Future,* Robert Zemeckis, 1985)

25 – *L'empire contre-attaque* (*Star Wars : Episode V – The Empire Strikes Back,* Irvin Kershner, 1980)

26 – *On ne choisit pas sa famille* (Christian Clavier, 2011)

27 – *Écrire pour exister* (*Freedom Writers,* Richard LaGravenese, 2007)

28 – *Le Terminal* (*The Terminal,* Steven Spielberg, 2004)

Épilogue – *La La Land* (Damien Chazelle, 2016)

La communauté Charleston a aimé !

Chez Charleston, nous sommes convaincus que, loin d'être une aventure solitaire, la lecture est une invitation au partage. Nous échangeons constamment avec nos lecteurs et lectrices, et nous sommes fiers de la belle communauté d'amoureux des livres que nous formons tous ensemble. Chaque année, nous choisissons au sein de cette communauté vingt lectrices et lecteurs qui nous accompagnent tout au long de l'année, et découvrent nos romans en avant-première. Voici leurs avis !

« Le roman de Noël parfait. J'ai ri beaucoup, j'ai été surprise par certaines révélations, j'ai été émue également. Idéal pour la période hivernale ! »

@mapetiterevolutionlitteraire

« Une histoire qui mêle comédie, aventure, enquête et romance : un cocktail que je vous recommande sans modération ! »

@strabissime

« Une comédie romantique originale et loufoque. Un petit rayon de soleil parfait pour le début de l'hiver ! »

@livresdesophie_

« Cette comédie se dévore, vous n'en ferez qu'une bouchée, comme un chocolat de Noël. Un roman savoureux, frais, drôle, pétillant et léger. »

@Djustinee

« Cynthia Kafka a le pouvoir de rendre chaque page captivante, de créer des personnages profondément humains et des histoires qui résonnent. »

@carnet_litteraire

« Du rythme, de la tendresse, de l'humour, j'ai tout aimé dans cette comédie de Noël riche en rebondissements et en personnages attachants. »

@myjolielibrairie

« Un condensé d'humour, une bouffée d'oxygène ! »

@LespagesdeCynthia

« Une jolie histoire de famille, d'amour et d'amitié, de liens qui se cherchent et se nouent, nous rappelant l'importance de la solidarité, de la générosité, de la simplicité. »

@les.lectures.de.claire

DE LA MÊME AUTRICE

LAURÉAT PRIX CHARLESTON POCHE

Carpe Diem. Sur la couverture du carnet qui abrite ses pensées, les mots narguent Alexia. À 14 ans, le temps où elle pouvait « cueillir le jour » lui paraît très loin. Depuis l'accident qui lui a arraché sa mère, son beau-père et ses deux demi-frères, elle vit au fin fond de la Dordogne chez son père, Greg, qu'elle connaît à peine. Ce dernier, cramponné à son rêve de construire des cabanes, ne semble pas armé pour élever une adolescente carapacée dans son malheur…

Mais l'arrivée dans leurs vies d'Ida, retraitée au verbe haut, et de Solène, jeune femme bienveillante qui fait la tournée des boîtes à livres de France, pourrait bien aider Alexia et Greg à s'apprivoiser…

« La veille de mes quinze ans, ma mère a volontairement disparu de nos vies, et malgré tous nos espoirs, elle n'est jamais revenue. »

Lorsque, après quinze ans d'attente et de désillusions, Margaux croit reconnaître sa mère dans un reportage sur les villages de Corse, elle vacille, tandis que les doutes et les questions refont surface. Et si, depuis tout ce temps, Nathalie attendait qu'ils viennent la chercher ? Pourquoi est-elle partie?

Bien décidée à découvrir la vérité, Margaux s'envole pour l'île de Beauté en compagnie de Timothée, son ami d'enfance. Au cours de cette quête, elle devra laisser l'imprévu guider son chemin pour obtenir des réponses et trouver, enfin, la paix.

Un roman bouleversant qui explore avec justesse et tendresse les liens familiaux, l'absence et la résilience.

PEFC PEFC/14-38-00277

Cet ouvrage est composé de matériaux issus de forêts gérées durablement certifiées PEFC™.
Le Programme de reconnaissance des certifications forestières (PEFC™) est le plus grand organisme mondial indépendant de contrôle pour une gestion durable des forêts. Pour en savoir plus, consultez le site www.pefc-france.org

Achevé d'imprimer en août 2024
par Novoprint
Dépôt légal : octobre 2024
Imprimé en Slovaquie